現代文 三段階 松竹梅 記述解答法

満点の「松」・合格ラインの「竹」・
必要最低限の「梅」

読解ラボ東京代表
長島康二［著］

はじめに

現代文講師の長島です。よろしくお願いいたします。本書は、現代文の記述にフォーカスを当てた参考書です。国公立大学ではもともとほとんどの問題が記述形式でしたが、近年はＭＡＲＣＨをはじめとする私立大学の問題でも記述が出題されるようになってきました。本書を通して、その記述を得点源にする力を養っていただきたいと思っております。

とはいえ、どうすれば記述で点数を稼げるようになるでしょうか。一言で言えば、「粘り」だと思います。選択肢や抜き出しの問題とは違い、記述には部分点があります。満点の答えでなくても、きちんと点数の要素を入れられれば、ある程度の得点をもらえるのです。だから、なにもいきなり満点を目指す必要はありません。最低でもこの内容は入れるんだ、というポイントを見抜き、そこだけでも答えに書く訓練から始めていくべきです。そこから徐々にステップアップしていけばいいのです。

しかし、満点の答えを解説するだけの授業や参考書が多いように感じられます。これは、受験生にとって不幸なことです。そもそも、記述形式の問題で満点をもらえるケースは極めて稀です。ほとんどの場合は△で、部分点を稼ぐことになります。だから、完全な答えを書ける必要は必ずしもありません。一番よくないのは白紙で提出することです。

そんなことをするくらいだったら、字数が少なくても構いませんから、点数の要素が入った答えを書いておくべきです。

そこで本書では「松竹梅」の三段階・三種類の答えを用意しました。皆さんもご存じのように、一般的に飲食店では「松」が最上級になります。

現代文が得意な方はもちろん満点の答えである「松」を目指していただきたいですが、苦手な方は何とか△の「梅」の答えを書いてやるぞ、という意気込みで取り組んでいただきたいと願います。「梅」でもいいのです。「とにかく白紙で提出しない」こと、点数になる要素を書き込み「とにかく少しでもいいから得点する」ことです。

本書で、そういった「粘り腰」も身に付けてください。

ご健闘を祈ります。

令和六年二月

長島康二

目次

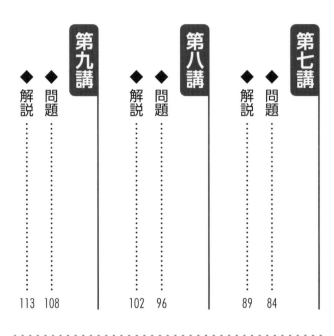

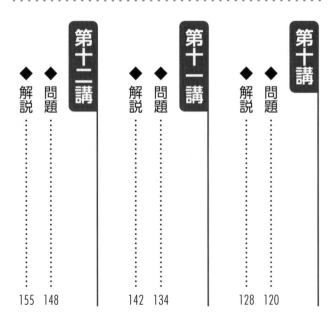

第一講

◆問題

次の文章を読んで後の問に答えなさい。

当時ローマ帝国では数多くの運動競技大会が開催されていたが、それらはしばしば「オリンピックに並ぶ」という表現で形容されていた。三世紀後半の史料には、フェニキアのシドンで開催された競技会とパレスチナのガザで開催された競技会が、ともに「オリンピックに並ぶ」ものとされている。明らかに、オリンピックになぞらえることによって、シドンやガザの競技会の格を、たとえ現実がどのようなものであれ、上げようとしているのである。なぞらえるだけで終わらずに、そのままずばり「オリンピック」を名乗る競技会も存在した。元首政成立以後、小アジアのトラレスやタルソスなど、本家以外の「オリンピック」が一〇以上も存在していたのである。以上のような事例からは、ローマ時代のかなり後の時期になっても、オリンピックの権威が全地中海世界で保たれていたということがうかがわれる。

このようにローマ時代において、オリンピックなど各種競技会は、コスモポリタンな性格を持つようになっていた。地中海世界がローマの平和のもとで一体化し、選手が全帝国規模で組織化されると、オリンピックはギリシア人だけという排他的性質を失い、逆に世界的な威信を獲得するようになった、と言えよう。

ローマ時代のオリンピックについて従来よく指摘されることは、ヘレニズム時代にもまして選手がプロフェッショナル化したということである。一つの根拠は、選手組合の存在である。組合は本来互助組織であって、かならずしも経済的利益追求を目的にした職業組合とはいえないのだが、入会金として少なからざる金額が要求されているところを見ると、たしかに組合加入には何らかの金銭的利害がからんでいたようだ。

諸競技会の優勝選手が金銭的報酬を受け取ることも常態化していた。彼らへの特典付与が慣例化し、故郷の都市で祝勝行進を催《もよお》してもらった上、都市参事会に免税特権や年金付与などを願い出て認められるという制度が、三世紀までには定着したことがわかっている。特典付与が、特例ではなく制度であることがこの時代の特徴だ。
①こうした選手のプロ化現象をもって、ギリシア古来の高貴なアマチュア精神が失われ、オリンピックが末期的症状を呈するようになった証拠と見るのが、従来よく行なわれてきた解釈である。だが果たしてそうか。
オリンピックの優勝者が物質的報酬を受け取ることは、すでにギリシア古典期から存在していた。もとより競技会での賞品は、オリーヴの冠というシンボリックなものにすぎなかっ

たが、優勝者が故国に帰れば、有形無形の特典が彼らを待っていた。オリンピアでの勝者に五〇〇ドラクマの賞金を与えるとする法がアテネに存在していた。熟練建設作業員の日当が一ドラクマ、という時代である。年収五〇〇ドラクマといえば相当の稼ぎ手であった。優勝者が市の迎賓館で食事の饗応《きょうおう》にあずかるという特典も、アテネに限らず広く認められる。

金銭的報酬を得るか否かでプロとアマを区別するわれわれの通念は、古代には存在しない。オリンピックで優勝すれば、すべての選手がなにがしかの褒賞を期待でき、また現に受け取っていた。その意味では、彼らはみなひとしくプロであった。このことは、ギリシアの古い時代から変わらない。

また、フルタイムで練習と競技に従事する専門家としての運動選手、という意味でのプロであれば、すでに前五世紀前半に、タソスのテアゲネスという典型例があった。同時代の碑文によれば、彼は四大競技会だけでボクシング二二回、パンクラティオン二回もの勝利をおさめ、うちオリンピックでの優勝はそれぞれ一回ずつであった。その他の競技会での数百回とも推測される勝利記録も含めて、通算二二年間にわたる選手生活を送ってきたという。とうてい普通の生活を営みながら達成できる記録ではあるまい。

アテネでは前五世紀末までに、専門的な訓練を受けたフルタイムの運動選手とそうでない素人との分化が始まっていた。オリンピック選手とそれを見物する慣習との間には、すでにこのころから専門分化の溝が深まっていたのだ。

このようなわけで、ギリシア古典期を古代オリンピックの黄金期として理想化し、他方「プロ化」が進展したローマ時代をスポーツが金にまみれた末期状態ととらえて対照させる図式は、根拠がない。そもそも、「競技者のオリンピック競技大会への出場もしくは参加は、金銭的報酬を条件とするものであってはならない」という近代オリンピック憲章の規定のような原則は、明文化されたものであれ慣習法であれ、一二〇〇年ちかい古代オリンピックの歴史を通じて、どこにも見あたらないのである。②「古代ギリシアの高貴なアマチュア精神」なるものは、近代に創造された神話なのだ。

（『古代オリンピック』の井上秀太郎氏の文章による）

問一

傍線部①「こうした選手のプロ化現象」とは、どういうことを指していったものですか。五十字以内で記しなさい（句読点も一字に数えます。以下の設問も同様です）。

問二

傍線部②「『古代ギリシアの高貴なアマチュア精神』なるものは、近代に創造された神話なのだ」とあるが、「高貴なアマチュア精神」とはどんな精神をいうのですか。本文の内容に基づいて、四十字以内で記しなさい。

お疲れさまでした。この第一講では、問題の解き方の基本を学びやすくするため、比較的読みやすい文章を題材に選びました。早速解説に入っていきます。

◆解説

問一

傍線①がどういうことか聞いている問題です。最初に質問です。答えは、傍線①の前にあると思いますか？　それとも後ろにあると思いますか？　答えは「前」です。傍線①の冒頭に「こうした」と書いてあります。つまり、前の内容をまとめて、傍線①で「プロ化現象」と言い換えているという構図だったということです。では、前に書いてあった内容を整理していきましょう。大会に優勝すれば、金銭的報酬を得られるし、祝勝行進をしてもらったり、免税特権や年金付与が認められたりするといった特典が付与されるのです。こういった、活躍の「対価」を得ているところが、「プロ」なのです。では、今確認した内容を使って答えを作りましょう。

梅 競技会で優勝すれば、金銭的報酬を得られたり、祝勝行進をしてもらえたり、年金が付与されたりすること。

　こう書けば、とりあえず最低限の点数はもらえます。ただ、まだまだ不十分です。というのも、祝勝行進や年金付与だけでなく、免税特権も認められていました。三つの「プロ化現象」があったのですね。とはいえ、字数指定の問題もあり、免税特権の話は入れられませんでした。しかし、三つの要素が出てきたのに、二つしか入れないというのは非合理的です。何とかして三要素とも入れたいところです。そこで出てくるのが「抽象化」という考え方です。これは、「一言でまとめる」という意味です。「祝勝行進、年金付与、免税特権」という三つを一言でまとめるのです。本文にも出てきた言葉ですが、この三つをまとめると「特典」になります。この言葉を入れれば、さらに点数アップです。

竹 諸競技会で優勝して金銭的報酬を得たり、特典付与を認められたりすること。

　ただ、今度は逆に字数が足りなくなってしまいました。それもそのはずで、実は他にも「プロ化現象」があったのです。傍線の二段落前にも「プロフェッショナル化」という言葉が出ていました。言うまでもなく、これは「プロ化」を意味しています。そして、さらに続きを読んで行けば、選手組合が存在していることを受けてプロフェッショナル化が進んでいると述べていますから、これが存在していることも「プロ化」だったのです。この内容を入れて満点の答案になります。

松 選手組合の存在や、諸競技会で優勝したら金銭的報酬を得られたり、得点付与が認められたりすること。

問二

「高貴なアマチュア精神」ってどんな精神か教えて、という問題です。このように説明を求められたら、聞かれていることとイコールの内容を考えていくことになります。例えば、「イケメン」という言葉を説明せよと言われたら、「かっこいい男性」と答えれば正解です。そして、両者はどちらも同じ意味ですから、イコールです。要するに、説明を求められたら、イコールの内容を答えれば、それで正解になるということです。傍線②をお読みください。ここでは、「高貴なアマチュア精神は、神話だよ」と書いてありました。高貴なアマチュア精神＝神話だったわけです。そして、神話という言葉は、「存在しないもの」を指し示す言葉です。傍線のすぐ前に、「どこにも見あたらない」と書かれていますが、まさにこの言葉が神話であることを示しています。とりあえず、これを「梅」の答えにしておきましょう。

梅 どこにも見当たらない精神。

もちろん、これでは点数はまだつきません。字数が少なすぎますし、内容的にも不十分です。結局これではどのような精神だったのか全く分かりません。ということで、さらに前からを読んでいきましょう。結局、**「近代オリンピック憲章の規定のような原則」**がどこにも見当たらなかったのです。ここまでくればあと一歩なのですが、いったん以上の内容をまとめて「竹」の答えとしていきましょう。

竹 近代オリンピック憲章に規定されてはいたが、実は歴史上のどこにも見当たらない精神。

ただ、梅の答えにせよ、竹の答えにせよ、実は加点はされません。というのも、現代文の記述においては、「本文を読んでない人でもわかる答えにする」ことが求められます。本文を読んでない人にとっては、「歴史上のどこにも見当たらない精神」と言われてもどのような精神かわかりませんし、「近代オリンピック憲章に規定されていた精神」と言われても同じです。本文の**「近代オリンピック憲章の規定」**の前に「という」と書かれています。この言葉に注目すれば、「という」の前に**「近代オリンピック憲章の規定」**があるとわかります。その内容をまとめれば「松」の答えになります。

松 **オリンピック競技大会への出場にあたっては、金銭的報酬を条件にしないという精神。**

MEMO

第二講

◆問題

次の文章を読み、後の問に答えよ。

現実の見え方はひとつに定まらない。こうも言えるし、ああも言える。そうした複数の視点に想像力が働き、ひとつの視点に縛られない柔軟性をもつことは、異質な人間同士、文化同士の共存の道を開く。

欧米流に論理的に一貫しているというのは、他の視点を抑圧し、封じ込めることにつながる。自分の意見に一貫性をもたせようとするあまり、例外的なものに目をつぶるということが起こりがちとなる。たとえば、自力で解決しなければという思いもあれば、だれかに頼りたいという思いもある。ある人に甘えたいという思いもあれば、反発する思いもある。私たちの心の中に思いが渦巻いている。私たち人間の心に一貫性があるのではなく、一定の考えや感情と矛盾するものをノイズとして切り捨てることによって、論理一貫性の装いがとられるのだ。

心理的抑圧があまりに深刻だったところに抑圧概念を基本とするフロイトの精神分析が生

まれたのだと考えれば、西洋の人々の心の深層に抑圧の心理メカニズムが広く見られたということだろう。その精神分析が欧米でさかんであることは、欧米社会に抑圧の文化的風土が浸透していることの証拠と言えないだろうか。

自分の考えることは論理的に整合性がないといけない。自分は一貫した自分でなければならない。そのような一貫性への欲求が強すぎるところに、抑圧が生じる。一貫した自分であるためには、矛盾する思考や感情を抑圧しなければならない。日本のように、人間を矛盾をはらんだ存在と認め、一貫性への欲求が弱く、他人の矛盾にも自分自身の矛盾にも寛容な文化のもとでは、抑圧という深層心理メカニズムはあまり必要とされない。

その証拠に、解離性同一性障害、俗に言う多重人格が、アメリカやカナダに比べて日本には極端に少ない。日本では全国で数えるくらいの症例しか報告されないのに対して、北米では自分の施設だけで、数十から数百の症例を経験したという医師も珍しくない。

多重人格は、自分の中の多面性を認めることができず、意識している自己像と矛盾した考えや思いを抑圧することによって、別の人格が生み出される病理といえる。ある意味でいい加減な日本では、そもそも抑圧する必要がないのだ。

貿易問題における利害の対立を見ても、宗教問題における思想の対立を見ても、自分の価値観と矛盾するものを許さずに排除するという姿勢が、争いごとの多い世の中をもたらしている。

「それもよし、これもよし」的な日本的な曖昧さや緩さは、国際社会においてはいい加減さとみなされ、「どうしたいという意見がない」「どうするのがよいかを判断する価値軸をもたない」「主義主張がない」「言うことがコロコロ変わり、一貫性に欠ける」「決断できない」などといった批判にさらされがちである。

だが、このような日本的な曖昧さや緩さは、自他の共存、異質な文化・価値観の共存にとって、A非常に都合のよい性質とも言える。

国際社会においても、そうした日本的な心のあり方や、日本的なコミュニケーションについての理解を求めていく努力が必要たろう。諸外国にもそうした発想が広がれば、思いやり外交が実現する可能性が広がる。そうなれば、利己的なぶつかり合いが減り、相互の視点を共有し合った話し合いができるようになるかもしれない。

思いやり外交というのは、自国の視点を絶対化せず、利害が対立する国、自文化の価値観と矛盾する価値観をもつ文化にも共感でき、相互に相手の視点を思いやりながら、双方が納得のいく着地点を模索しようという外交スタイルをイメージしたものである。

ここで、二〇一一年の東日本大震災のとき、日本の被災者たちの秩序ある行動が、海外メディアの驚きと賞賛をよんだことを再び思い出していただきたい。

大震災の一か月後に、『これからの「正義」の話をしよう』という著書で話題となったマイケル・サンデルが、インターネット中継によって行った特別講義「大震災　私たちはどう生きるのか」の中でも、そのことが取り上げられている。

震災直後の日本人の行動を海外の人々はどう受け止めただろうか。強盗も便乗値上げもほとんど起こらなかった。アメリカのハリケーン・カトリーナの災害の時に見られた現象が、日本ではほとんど起こらなかったのだ。

この事実は外国人ジャーナリストの間で多くの感動を呼び起こした。例えば、ニューヨーク・タイムズの記事（二〇一一年三月二六日付）では、『日本での混乱の中での、秩序と礼節。悲劇に直面しての冷静さと自己犠牲、静かな勇敢さ、これらはまるで日本人の国民性に織り込まれている特性のようだ』と書かれている。

このことをめぐって、各国の学生が賞賛と驚きの思いを込めた意見を述べているが、同様のことは阪神・淡路大震災のときも指摘された。もちろん、日本でも略奪や便乗値上げが皆無だったわけではない。このような論評に対しては、必ず反論をする人がいるものだ。だが、皆無かどうかを問題にしているわけではない。海外のケースと比べれば、ほとんどないに等しいという、程度の問題である。

ニューヨーク・タイムズの言うような、日本人の国民性に織り込まれている秩序と礼節というのは、これも状況依存社会であればこそのものといえる。人道的とか正義といった、抽象概念に基づく原理原則を守ろうといった意識が乏しいと批判される日本が、いざというときの秩序と礼節が見事であると賞賛される。このような秩序と礼節は、目の前の人のことを思いやるという状況依存の心の構えがもたらすものである。

強いて言えば、間柄の倫理であり、状況依存的な倫理観である。抽象概念による原理原則に縛られて、人間とし行動するわけではなく、ただ目の前の人を放っておけないのだ。非常に具体的な状況の中で、多くの人々の心の中に自然に湧いてくるものといえる。

このように、状況依存社会の深層に根づいている思いやりのコミュニケーションは、抽象的な原理原則の形をとった倫理観よりも、現実場面において個人を倫理的な行動に導く力をもっているのである。

わかりにくい日本人とは、よく言われることであり、私たち日本人自身もよく思うことである。だが、論理的一貫性をもとにした主義主張のぶつかり合いが、異質な人間同士、文化同士の共存を危うくしている今日、日本的な曖昧さや緩さが何らかの貢献をする余地があるのではないか。私たち自身、身近すぎて見えづらくなっている状祝依存社会日本の深層構造の問題点に目を向けるとともに、その良さも再認識し、相互理解と思いやり外交に活かす道を模索することも必要であろう。

グローバルな時代に、日本が貢献できることは何か。そんなことを考えるとき、日本的コミュニケーションのわかりにくさの中にも、ひとつのヒントがあるように思えてくるのである。

（榎本博明の文章による）

問一
傍線A「非常に都合のよい性質」とあるが、これはどのような性質のことか。30字程度で説明しなさい。

問二
傍線B「グローバルな時代に、日本が貢献できることは何か」とあるが、筆者の考える日本の貢献できることとは何か。本文中の言葉を用い、45字程度で説明しなさい。

◆解説

問一

傍線Aってどんな性質？　と聞いている問題ですから、イコールの内容を考えて行くことになります。

直前を見れば、傍線A＝「このような日本的な曖昧さや緩さ」だとわかります。いきなり「このような」から始めても、内容が不明確ですから、もちろん答えとしてはまだ不十分です。しかし、時間がなかったりして、とにかく最低限の答えを作らなければならないのなら、

梅　曖昧で緩いという性質。

と答えてしまえば、最低限の点数はもらえます。なお、問題で「どのような性質？」と問われていますから、文末はそれに合わせて「性質」となります。また、先述しましたが、答えの最初に指示語を使うわけにはいかないので、「このような」は省きました。もちろん、指定字数よりははるかに文字数が少ないので、満点にはなりません。しかし、白紙で出して

しまったら0点です。そうなるよりは、この「梅」の答えを作って、部分点をもらった方が賢いと言えるでしょう。

とは言え、もっと点数を稼ぎたいのは確かですから、「このような」の内容を明らかにして、完全な答えにしていきましょう。傍線Aの4行前からですが、**「どうしたいという意見がない」「どうするのがよいかを判断する価値軸をもたない」「主義主張がない」「言うことがコロコロ変わり、一貫性に欠ける」「決断できない」などといった批判にさらされがちである」**とありました。今度は逆の悩みが出てきましたね。すべて入れたら字数オーバーです。仕方ありませんから、これらの批判のうち、一つだけ引っ張ってきましょう。

竹　一貫性に欠けると批判されてしまう、日本の曖昧で緩いという性質。

これで指定字数にもかなり近い答案になりました。ただ、まだ不十分です。批判は他にもありました。「どうしたいという意見がない」・「決断できない」といった内容も本当は入れたいところです。ではどうするか。これらの批判を一言でまとめた表現を使えばいいのです。先ほど確認した部分に**「日本的な曖昧さや緩さは、国際社会においてはいい加減さとみなさ**

れ」とありますが、ここを使って「国際社会からいい加減だとみなされる」と言えば、全ての批判をまとめて表現できています。このように、ざっくり一言でまとめることを「抽象化」と呼ぶのでした。さて、これで満点の答えの完成です。

松 国際社会からいい加減だとみなされる、日本の曖昧で緩い性質。

竹→松にアップデートする際に出てきた、抽象化という考え方について、一つ補足です。あくまで「傾向」にすぎませんが、私立大学ではこの問題のように、抽象化した内容も本文中に出ているケースがほとんどです。一方、国公立大学の問題では抽象化した内容が本文中に出てこないケースの方が多いように思われます。その場合は、自分で「作る」必要があります。そういった問題の割合は少ないですが、国公立を志望している方は覚えておくといいでしょう。

問二

筆者の考える「日本が貢献できること」が何なのか教えてね、という問題です。つまり、「日本が貢献できること」の説明を求めているのです。説明しろと言われたら、イコールの内容を答えるのでした。では、それを本文から探していきましょう。現代文の本質は「宝探しゲーム」です。文章中から答えになるところを見つけていくのです。24ページの2～4行目を見れば、日本には思いやりがあるのです。だから、24ページのまんなかあたりになりますが、個人を倫理的な行動に導くことが出来るのです。この内容を使えば「梅」の答えが完成します。

梅 状況依存社会の深層に根付いている思いやりのコミュニケーションで、倫理的な行動に導くこと。

これで最低限の得点はゲットできます。ただ、日本にあるのは「思いやり」だけではありません。問一でも出てきましたし、24ページにもありますが、日本には曖昧さや緩さがあるのです。その性質によって出来ることもあるので、それも入れたいところです。ですが、見つけられなければ、とりあえず「梅」の答えにこの性質も加えて、

竹 状況依存社会の深層に根付いている思いやりや曖昧さと緩さで、倫理的な行動に導くこと。

と答えてしまいましょう。ただ、先にご確認いただいたところからをお読みいただければ、曖昧さや緩さによって、異質な人間同士や文化同士を共存させられそうですね。曖昧ということは、はっきりしないということなので、異質なもの同士の衝突も生まれなさそうです。そのことが明確に書かれているのは20ページの1～3行目です。ここに出てきた「一つの視点に縛られない柔軟性」は曖昧さや緩さのことを指しています。そして、その性質によって共存の道を開けるのだと述べられていました。これも「貢献できること」ですから、答えになります。

松 異質な人間同士、文化同士の共存の道を開き、個人を倫理的な行動に導いていくということ。

第三講

◆問題

次の文章を読んで後の問に答えなさい。

自宅の最寄り駅から地下鉄に乗り込むと、電車の座席は微妙な空き具合であった。寒い時期ということもあり、着膨れた乗客がみんな左右に余裕を取って座っている。結果、混んではいないが、座るには勇気のいる車両になっていた。やむを得ず、ドアの脇で立ちん坊を決め込んだ。帰宅で混み合う時間帯には、まだまだ早い午後2時頃の有楽町線のことである。

ふと目の先に、ランドセルを背負ったまま本に夢中になって座っている小さな小学生がいるのに気が付いた。背格好からして、まだまだ低学年だということが分かった。絵本ではなく、字のやや多い本を読んでいるように見えたので、小学校の二年生くらいであろうか。半ズボン姿のその小さな男の子は、自分が座っている席の左側に、紺色の上履き袋や工作で作ったような紙の箱を投げ出している。

私は、その子の前に立った。すると目の前に立たれたことに気が付いたその子は、私の方をじっと見上げた。そしてめんどくさそうに荷物を自分の膝の上におもむろに置いた。

『電車の中で、他のお客さんの迷惑になるようなことは駄目だよ』

そんな目だけの会話が、どうやら通じたようだった。私が腰掛けると、その小学生は、もうすでに本に戻っていた。一心不乱に図書館のシールが貼ってあるハードカバーに顔を埋めていた。他の乗客のほとんどがスマートフォンに指を置き、小刻みに滑らせているのに対して、なぜか、その姿は好感が持てた。荷物を投げ出すような公共マナーに反した行為を差し引いても、Aおつりが来るほどだったのである。

何を読んでいるのだろうと好奇心がむくむくと湧いたが、残念ながら角度的に表紙のタイトルを読むのは無理であった。その熱中度から、探偵ものとかではないかと推測した。私はタイトルの探索は諦め、自分の手帳を鞄から取りだし、その日のそれからの予定を確認することにした。

2、3駅が過ぎ、手帳をしまって隣を見ると、相変わらずその半ズボンは本をにらめつけるように読んでいる。そして時折、ページをめくり、しばらくすると、また次のページをめくっていた。その様子を見るともなくぼんやり見ていると、ある瞬間、あるページのある行で目が止まったように思えた。それまでゆっくりと顔を回転させ行を追っていたのが、ぴたりと動かなくなったのである。当然ページめくりの手も動かない。じっと同じ行を読み返しているように思えた。

するとと突然、今度は、ページを今まで読んできた方に向かって、勢いよく逆にめくりだしたのである。一体何が起こったのだ。逆に戻りながら、時々、手を止め拾い読みしたかと思うと、また勢いよくめくりだす。何かを探している、何かを探しているのだ、私にはそう思えた。そして遂に、ある箇所を探り当てると、じいっと読み出した。緊迫が隣の私にも伝わってきた。そして、それまで何も発していなかったその小学生が一言つぶやいた。

「たしかに……」

私は、吹き出しそうになった。

何が〝たしかに〟なんだよ⁉ 何を納得したんだよ、君は⁉ そこまで入り込んでるわけ⁉

想像するに、最初にぴたっと止まったページには、彼が驚くような出来事が書いてあったのであろう。例えば、物語の主人公が、見事な推理をしてある問題を解決した、とか。そして、その小学生は、その推理の元となった叙述を再確認するために、数十ページ前まで慌てて遡《さかのぼ》ったのである。そして、あらためて読み直すと、そこにはある事実が隠れていたのを発見したのだった。そこで思わず、彼の口から、「たしかに……」。

そして私は、この小さな小学生に、およそ似つかわしくない「たしかに」という言葉遣いに思わず吹き出しそうになった……。

私は、ますます、その本のタイトルを知りたくなった。大人気ないが、私もその本を読んで、その箇所で「たしかに……」ってなりたくなったのである。

急に、その子が立ち上がった。降りる駅が来たのである。私の目は必死に、閉じつつあるその本を追い続けた。ここで逃すとそのチャンスは永遠にない。一瞬、タイトルの一部が見えた。かろうじて一部が見えたのである。そこには『ドリトル先生なんとかかんとか』と書かれていたのだった。

数日後、私は事務所の近くの図書館の児童文学の棚の前にいた。もちろん、あの小学生の持っていた本を見つけに来たのである。あの小学生のように「たしかに……」ってなりたくて来たのである。でも、困ってしまった。『ドリトル先生なんとかかんとか』は12冊もあったのである。

試しにその中から『ドリトル先生月から帰る』というタイトルを手にした。しかし、目次を見ただけでは、この本のどこで手がぴたっと止まり、どこであの「たしかに……」が生まれるのか、皆目見当がつかない。『ドリトル先生と秘密の湖』という「たしかに……」が生まれそうなタイトルも開けてみた。しかし、拾い読みでは分かりようがなかった。私は全12巻を前に途方に暮れた。「たしかに……」は一朝一夕では手に入りそうもないのである。やはり、最初の1行から紐解かないと無理なのであろうか。紐を必死で手繰るように読み進んだあかつきの、あの『たしかに……』なのであろう。

そして、その「たしかに……」という境地が安直に得られないということが分かった私は、同時に、B自分の中に、ある感情が横たわっていたことに気付いてしまった。いや、薄々感じてはいたのだが、正直言うと、気付きたくはなかったのかもしれない。そして、この「たしかに……」さえ手に入れれば、それは知らなかったものとして済ませられるのではないかという妙な期待もあった。

では、その知りたくなかった感情とはどういうものであろうか。

私は、ドリトル先生の本が特定できなかった時、まず、自分の態度に「たしかに……」を享受する資格がないことを思い知らされた。それは熱中の賜であったのである。それだけを見つけて楽しもうなんて虫のいい話である。そしてその時、私は、あの小学生に軽い嫉妬のようなものを覚えていたのにも気付いたのであった。嫉妬と言う言葉が激しすぎるとしたら、羨ましい気持ちと言ってもいいかもしれない。では、その羨ましさとは何か。そして、それはどこから来ているのか。

私は、あの日、地下鉄に乗った時、いつものように移動時間を有効に使おうと、座るやいなや手帳を開いて今日の予定を確認した。そこには、いつものように出席すべき会議が列挙されていた。その確認作業が終われば、コンピュータを開いて、来ているメールを確かめるつもりであった。返事を求めるメールがたくさん来ているはずだ。そして、一本でも出せば、義務は減る。私は忙しい、私の時間は埋め尽くされている。そんな時、聞こえてきたのだった、あの言葉が。「たしかに……」

人間にとって、時間は自由にならない。時間は誰に対しても平等に過ぎていく。だからこそ、時間を無駄にせず、有効に使わなくてはならない。私が電車での移動時間に手帳を開いたのも、コンピュータを開こうとしていたのも、そのためである。しかし、その時、隣に熱中がいたのである。その小さな熱中は流れゆく時間も存在している空間もなく、ただただ熱中していた。時間は誰に対しても平等に過ぎてはいなかったのである。私は、その小学生に羨ましさを感じてしまった。その羨ましさとはどこに向かったものだったのか。

小学生がふんだんに持っている時間に対してか、それとも、あの熱中の仕方にか。

答えは分かっている。しかも、その気持ちが、あの電車で半ズボン姿の小学生の隣に座った時から始まっていたことも分かっているのである。

問一

傍線部Ａ「おつりが来るほどだった」とは、どういうことですか。七十字以内でわかりやすく説明しなさい。

問二

傍線部Ｂ「自分の中に、ある感情が横たわっていた」とありますが、それはどういう感情ですか。七十字以内で説明しなさい。

◆解説

問一

傍線Aの説明を求めている問題ですから、この傍線とイコールの内容を考えていきます。「おつりが来る」ときと言うのは、値段よりも出した金額の方が大きい時です。つまり、とあるものよりも、別のものの方が大きいというのが、「おつりが来る」です。では、何が大きく、何が小さいのでしょうか。直前に注目です。「その姿に対する好感」が「荷物を投げ出すような公共マナーに反した行為」よりも大きいのです。「その姿」とは、さらに前からを読めばわかりますが、「小学生のハードカバー（厚い表紙の本）に顔を埋める姿」です。まだ修正点はありますが、とりあえずここまでの内容をまとめれば「梅」の答案になります。

梅 小学生の本に顔を埋める姿に対する好感の方が、荷物を投げ出すような公共マナーに反した行為よりも大きかったということ。

ただ、この答えを見て、読者の方には「気に食わないな」と思っていてほしいです。この答案では、何と何を比べているでしょうか。小学生に対する好感と、マナーに反した行為ですよね。ですが、この二つは本来比べるものではありません。前半の「好感」は気持ちですから、後半も同じく気持ちにしないと、本当は比べられないのです。マナーに反する行いをする人がいたら、不快ですよね。「好感」と「不快感」であれば、どちらも気持ちですから、比べるのは自然です。この内容を放り込めば、「竹」の答えになります。

竹　小学生の本に顔を埋める姿に対する好感の方が、荷物を投げ出すような公共マナーに反した行為への不快感よりも大きかったということ。

だいぶいい答えになってきました。ただ、前半部分の修正も必要です。「本に顔を埋める」はそのまま書いてはいけないのです。というのも、これは比喩表現です。実際に顔を埋め込んでいるわけではありません。比喩表現は、どうしても内容にあやふやさが出てくるので、答えに使ってはいけないのです。これは、本に熱中していることを意味していますから、そのように修正して「松」の答えになります。

松　小学生の、熱中して本を読む姿に対する好感の方が、荷物を投げ出すような公共マナーに反した行為への不快感よりも大きかったということ。

問二

傍線Bに出てきた「ある感情」の説明を求めている問題ですから、これとイコールの内容を考えていきます。4行後に「では、その知りたくなかった感情とはどういうものであろうか。」と書いてありますから、この後を読んでいけば解決です。筆者は、嫉妬や羨ましさを感じたのです。ただ、さすがに字数が少ないですね。字数を増やしたい場合は、自分が書いた内容の理由を加えるか、イコールの内容を加える（より詳しく言い換えた内容を加える）かして、肉付けをしていきます。長い記述の問題では、このイメージが大切になります。つまり、まず短めの答案を作り、それに字数調整のおまけを加えて長くしていくという姿勢が重要であるということです。ただ、それが難しいのであれば、今確認した気持ちだけを書いて部分点をもらう、というのもナシではありません。いったん、それを梅の答えにしておきましょう。

梅　小学生に対する嫉妬や羨ましさ。

さて、ここから字数を増やしていくことになります。今回は、嫉妬や羨ましさの理由が書かれていたので、それを加えていきます。最後の方に注目です。「時間は誰に対しても平等に過ぎてはいなかったのである。私は、その小学生に羨ましさを感じてしまった。」と書かれていますね。時間が平等ではないと感じたので、羨ましいと思ったのです。まだまだ字数は足りませんが、とりあえずこの内容を加えれば「竹」になります。

竹 時間が平等ではないと感じたことによる、嫉妬や羨ましさ。

いよいよ最終段階です。不平等だと感じた理由を加えて、字数調整が終わります。36ページの後半からに書かれていますが、筆者は忙しいのです。しかし、小学生は違います。本に熱中できるだけの時間があったのです。忙しい筆者にはそれだけのゆとりがないので、羨ましいと感じましたし、嫉妬もしたのです。この内容も入れて、「松」の答案になります。

松 本に熱中できるだけの余裕がある小学生に対して、筆者は忙しく、そのような余裕はないので、時間は不平等だと感じた。それによる嫉妬や羨ましさ。

なお、一文でうまくまとめられないと感じた場合は、このように二文にわけるのもアリですから、覚えておいてください。

MEMO

第四講

◆問題

次の文章を読んで、後の問いに答えよ。

多くの出来事が視覚的なイメージに変換される現代世界においては、その多くのイメージがメディアの中で「偶像」となり得る。作られたイメージは現実を指示するのではなく、かえって現実を見えなくする「偶像」として機能することもある。その一例を「テロとの戦い」というリアルポリティークの中に見てみたい。

九・一一以降、テロとの戦いという文脈の中で「悪」という表現が多用されてきた。反米感情の強い中東世界では、「悪」に打ち勝つべく戦っているはずのアメリカに対し「悪」という呼び名が与えられてきた。いずれにせよ、善と悪の戦いというイメージが、相互の敵対感情を強めてきたという側面がある。ロバート・ベラは、ブッシュ米大統領（当時）の発言をめぐり次のようなコメントをしている。

ブッシュの言葉は、奇妙なことに、オサマ・ビン・ラディンの言葉を写しているかのようである。ビン・ラディンも自分自身が「悪」と戦っていると信じているのだ。このことは長引くテロに対する戦争の中で、われわれが多くの点において、敵対者に似てくるということを暗示している。

ベラが指摘するように、善と悪というイメージは容易に反転し増殖する。これは偶像崇拝の力の一面を表している。現代世界において増殖の力を身にまといながら、グローバルな影響力を与えているのが、資本主義に象徴される「物質主義」であり、米軍の軍事介入に象徴される「帝国主義」であるとするなら、その抑圧を受ける者が、それらの力を偶像崇拝的と見なし、批判するのは不思議なことではない。別の言い方をすれば、物質主義や帝国主義といった「見えざる偶像崇拝」は「構造的暴力」の温床になり得るということであり、その暴力性に立ち向かうために、時として「直接的暴力」が行使される。

「構造的暴力」は平和学を中心にすでによく知られている言葉であるが、ヨハン・ガルトゥングによる定義を確認しておきたい。彼は、ただ個人的・直接的な力を解消するだけでは平和を実現することはできないと考え、暴力の概念を次のように拡張した。「ある人に対して影響力が行使された結果、彼が現実に肉体的、精神的に実現しえたものが、彼のもつ潜在的実現可能性を下回った場合、そこには暴力が存在する」。この暴力が「構造的暴力」と呼ばれている。先の文脈に立ち返って言い換えるなら、たとえばムスリムが、西洋由来の物質主義や帝国主義の影響力のゆえに、本来持ち得たはずの「尊厳」を損ない、また人生設計の自由を狭められているとするなら、そこには「構造的暴力」が存在していると言える。その意味で、「見えざる偶像崇拝」が「構造的暴力」を増殖させているのであり、その暴力性を自覚した者が、偶像破壊行為として「直接的暴力」に訴えることもある。

それがきわめて過激な形で現れたのが、九・一一同時多発テロ事件であった。テロリストたちの目には、ワールド・トレード・センターは資本主義の富と暴力を体現した「偶像」として映っていたかもしれない。ペンタゴンもまた軍事力を体現した「偶像」として映っていたことだろう。だからこそ、あの事件は、多くの尊い人命の損失にもかかわらず、偶像の破壊を見ようとする欲求に形作られた大きな歓喜の声を伴ったのであった。絶望と歓喜を同居させるような偶像破壊行為を繰り返さないために、我々は偶像の背後に何を見るべきなのであろうか。

偶像破壊という本来宗教的な行為が、政治的・社会的な領域にまで転移していくのは、偶像崇拝に内蔵された増殖機能に由来すると言えるが、増殖の素地を与えているものは一体何なのか。ここでは、それを終末論と進化論として考えてみたい。

終末論は、しばしば、世界が善と悪の戦争状態にあることを語る。そのような世界観が前提にされると、この世界はすでに戦争状態にあるという理由から、暴力行為が正当化されることにもなる。言い換えるなら、終末論は暴力を宗教的に正当化する「構造的暴力」として機能する危険性がある。もちろん、終末論は既存の社会秩序を越えた新しいビジョンを指し示すという建設的な側面も持っており、また、暴力の否定と結びつく場合もある。このように終末論は、今ある現実を容認しないという基本姿勢から、暴力的なエネルギーにも、平和を希求するエネルギーにも変移し得る両義性を持っている。この終末論の両義性を認識すれば、平和を求めて悪と戦っているはずの善が、いつの間にか敵対者に似てくるというベラの指摘に見られる、善と悪の転移のメカニズムが見えてくるであろう。

終末論は、一神教に共通して見られる世界観・歴史観であるが、その影響力は姿を変えて、非宗教的な世界までも覆っている。その代表例は進化論である。ここで言う進化論は、生物学的な進化論というよりは、むしろ社会ダーウィニズムのことである。社会ダーウィニズムは、「生存競争」「適者生存」といった生物学上の進化論の考え方を、人間社会にも適用しようとする。一九世紀に誕生した社会ダーウィニズムは、二〇世紀初頭には優生学を生み出すことになった。優生学は進化論と遺伝の原理を人間に応用して、人間の自然的運命を改良しようとした。終末論は、神を前提として人間の運命を描写しようとしたが、社会ダーウィニズムや優生学は、神なしに、人間や社会や国家の運命を描写しょうとするのである。その意味で、社会ダーウィニズムに代表される進化論は、キリスト教の終末論が世俗化した形態であると言えるだろう。

社会ダーウィニズムが生み出したもう一つのものは、進化論的な文明理解である。簡単に言えば、二〇世紀初頭より、アングロ・サクソン文明を頂点として文明を進化論的に序列化する考え方が、西洋社会では広く受け入れられることになった。したがって、終末論が暴力を正当化する「構造的暴力」として機能することがあるように、進化論もまた、文明の序列を前提とすることによって、優秀な文明が劣った文明を支配するのは当然であるという「構造的暴力」に変移し得るのである。これらがリアルポリティークに影響を及ぼしてきたことは言うまでもない。序列化された文明という礎石の上に立つ諸々の偶像に向けられた敵意も、その一部なのである。

西洋近代にとって、固定化された伝統的価値、とりわけ宗教に依拠する価値は、打破すべき「偶像」として映っていた。他方、イスラーム主義者のように宗教的な規範性を重視する人々からすれば、人間の主権を強調しすぎる西洋的な近代化こそが、避けなければならない「偶像」である。両者の偶像破壊行為が、今日、価値の衝突を引き起こしている。

価値の衝突は西洋世界とイスラーム世界との間に限定されない。米国とヨーロッパのリアルポリティークにおける衝突も同様の問題をはらんでいる。米国では「信じることへの自由」を叫ぶ声は少なくなく、他方、ヨーロッパでは宗教からの自由が近代国家形成の前提とされてきた。米国では、国家が偶像的になる危険性を持つと考え、宗教は国家の介入から個人を守る役割を果たしていると考えられてきた。他方、啓蒙主義以降のヨーロッパでは、宗教の介入から個人を守る役割を国家が果たすと考えられ、宗数が持つ潜在的な力に対し常に警戒をしてきた。もちろん、このような基本的な違いにもかかわらず、米国もヨーロッパも、多文化主義的な価値を感的に受けとめようとしている姿勢においては一教している。しかし同時に、多文化主義がとなえる「寛容」だけでは今日の問題を解決することができないことも明らかになりつつある。なぜなら、多文化主義を生み出してきた啓蒙主義精神そのものを疑問視し、あるいは、それを敵視する人々が、米国の中にも、ヨーロッパの中にも多数存在するからである。

（小原克博『宗教のポリティクス』より。文章を一部省略した）

【注】

※偶像

キリスト教やイスラームなどの一神教で厳しく崇拝を禁じられた、形象化された信仰対象のこと。ここでは出来事や観念など、イメージ化されて妄信されるものも含めていう。

※リアルポリティーク

現実の政策。

※**ロバート・ベラ**
アメリカの宗教社会学者（一九二七ー）。日本研究でも知られる。
※**ヨハン・ガルトゥング**
ノルウェーの政治学者・平和研究者（一九三〇ー）
※**ムスリム**
イスラームの信徒のこと。
※**終末論**
現在の世界が破滅し、その後新たな理想的世界が実現すると言う思想。

問一
傍線A「構造的暴力の温床になり得る」とあるが、これはどういうことか。40字程度で答えなさい。

問二
構造的暴力を拡大させる要因として本文で指摘されているのは何かを考えたい。次の空欄に入る言葉を30〜40字で答えなさい。

西洋がイスラーム世界に及ぼす「構造的暴力」を拡大させているのは【　　　】である。

◆解説

問一

「構造的暴力の温床になり得る」ってどういうこと？　と聞いている問題です。２行後に「構造的暴力」という言葉がありました。ここを見て「怪しい」と思っていただければと思います。ここに着目して続きを見れば、「構造的暴力＝ムスリムの尊厳を損ない、人生設計の自由を狭めるもの」だとわかります。この内容を答えに持ってくれば、「梅」の答えの完成です。

梅　ムスリムの尊厳を損ない、人生設計の自由を狭めるものの温床になり得るということ。

ただし、この答えだと後半が残念です。というのも、傍線の後半が「温床になり得る」ですね。傍線と全く同じ言葉を答えに書いてはいけません。たとえば、「勉強」ってなに？　と問われたときに、「勉強」と答えても、何の説明にもなりませんね。「新しい知識を得ること」などと、別の表現に言い換えないと、説明したことにはならないのです。なお、このように傍線と同じ表現を使った解答は「オウム返しの答え」と言われており、ＮＧの答えになっております。ご注意ください。残念ながら、「温床になり得る」の言い換えは本文中にありませんでした。温床と言うのは、原因になる場所や物事のことです。そのまま「原因になり得る」と書いてもいいですし、「つながりかねない」と述べてもいいでしょう。後半をオウム返しではなく、きちんと別のことばに言い換えて、「竹」の答案になります。

竹 ムスリムの尊厳を損ない、人生設計の自由を狭めるものにつながりかねないということ。

ただ、まだ満点にはなりません。実は、前半部分もまだ不十分なのです。「梅」で答えにした部分をご覧ください。ここに出てきた「潜在的実現可能性を下回る」というのは、要するに「可能性が狭められる」ということです。つまり、構造的暴力と言うのは、何かの影響により、可能性を狭められてしまうという意味だったのです。梅や竹の答案では、ムスリムの可能性が狭められていますが、これはムスリムに限った話ではないでしょう。日本人のサラリーマンがパワハラを受けて消極的になり、可能性が狭まることもありますし、部活の下級生が先輩に委縮して、やはり可能性が狭められることもあります。第一講で出てきた「抽象化」の考え方を利用し、ムスリム以外にもあてはまる表現にしようとご判断いただければOKです。

松 肉体的、精神的に実現し得たものの潜在的実現可能性を下げる事態につながりかねないこと。

問二

構造的暴力を拡大させる要因を考える問題でした。ご覧いただきたいのは、48ページの後半です。ここから、終末論が構造的暴力につながりかねないとわかるでしょう。つまり、終末論が構造的暴力を拡大させる要因だったのです。ここを使って答えを作っていただければ、「梅」の答えになります。

梅 世界は善と悪の戦争状態にあるという前提から、暴力行為を正当化させる終末論

ただ、実はまだまだ不十分です。というのも、構造的暴力を拡大させるのは終末論以外にもあったからです。ご覧いただきたいのは50ページの前半です。終末論だけではなく、進化論も構造的暴力を拡大させるのです。この内容も入れて、「竹」にランクアップです。

竹 暴力を正当化させる終末論と、文明の序列を前提にする進化論

かなりいい答えになってきました。ただ、「暴力を正当化する」というのは、終末論の説明として不十分です。なぜ終末論は暴力を正当化できるのでしょうか。「梅」で確認した通り、世界は善と悪の戦争状態にあると考えているからです。こちらの方が、より根本的な内容ですから、この内容に差し替えて「松」の答案ということになるでしょう。

松 世界は善と悪の戦争状態にあるという終末論や文明の序列を前提にする進化論

第五講

◆問題

次の文章を読み、後の問に答えよ。

建築における装飾文化は、二十世紀においては衰退し、建築の象徴性や装飾性は、極力排除されるようになった。鉄、コンクリート、ガラスというバウハウス・スタイルの素材が用いられ、二十世紀では無機質の新しい建築デザインが主流となる。増大する建築素材の需要をまかなうために、これらの大量生産方式が開発され、建築も時代の変貌と深くかかわり、資本主義の発展プロセスのなかに組み込まれていった。

二十世紀の建造物の外面は、ガラスとコンクリートに覆われた高層ビル群という、即物的な現代都市の景観をつくりだした。

しかもコンクリートと「ガラスの増殖」現象は、建築の垂直志向と結びつき、二十世紀をリードしてきたアメリカの都市の景観を変えていった。その象徴的な建物は、有名なエンパイアステートビル（一九三一年）である。ニューヨークに出現した摩天楼は、アメリカの時代を誇示し、アピールするものであった。

建築史家レーウェンは『摩天楼とアメリカの欲望』のなかで、超高層ビルを教会施設のない「商業の大聖堂」という比喩で呼んだ。「商業活動の中心点に打ちこまれた塔の杭は、舞台装置でもあり、さらには自由貿易、自由主義競争、競争などの原理を表すためのモデルとしての性格を有していた」(三宅理一・他訳)。さらにレーウェンは、アメリカ資本主義とキリスト教との関係について、次のように指摘している。

多くのヨーロッパ人にとって金儲けをすることは罪深い行為であるが、アメリカ人は品位の許容範囲をはるかに越えてそれを追求した。聖者によれば、キリスト教信仰は、ビジネスとはまったく相容れないものであるが、アメリカ人の場合は、キリスト教を多様な解釈で包みこみ、大いなる創意をもって自由を獲得したのである。ひたすら金儲けのために働くことは、封建的な旧世界に対する新世界の民主主義的な答えとしておおいに尊重された。

当時は世界恐慌直後という時期ではあったけれども、アメリカの資本主義に内在する成長志向のシンボル的ビルとみなされ四四三メートルという高さは、長く世界一の座を確保する。それは物理的、経済的高さであって、アメリカ人にはモラルの高さから富を再分配するという発想はなく、かれらは利潤の追求に狂奔していった。

大量生産、大量消費は資本主義の原理であり、ヨーロッパ文明を継承したアメリカ文明のポリシーであった。郊外型の巨大な売り場面積を占めるスーパーマーケットが肥大化し、大きな看板、ガラスの陳列ケース、そして自動車による買い物というアメリカン・スタイルは、バブルの一時期、美徳のように吹聴されたことがある。現在の日本やヨーロッパでも同様なシステムができあがり、マーケット・リサーチによって、CMが作製され、各種メディアからそれが連日流されている。資本主義の原理は、コマーシャルで購買力を煽り、商品を流通・回転させ、利益を目指すものであるので、このシステムは今後も継承されていくことになる。

結論的にいえば、キリスト教の大聖堂は神への志向であって、また王侯の宮殿や独裁者の建築物は権力誇示そのものであり、さらに独占資本の牙城である超高層ビルは、富や欲望のシンボルであった。ところがその後、林立してくる超高層ビル群は、各階ごとのつながりを分断してしまい、さらにエアコンは窓の通風という機能を駆逐し、自然からの乖離現象を促進していった。壁によって遮断され各部屋は、現代社会と同様にカプセル化された孤立空間の様相を呈している。

都会は人間の原点である安らぎの空間ではなく、無機質化されたガラスとコンクリートが林立した、ジャングルと化している。これは装飾という遊び心を廃し、①徹底的に非芸術化された現代建築のゆき着いた世界である。

二十世紀初頭から人びとが合理性や機能性を追求してきたが、生みだされたものは、無機質の分断された都会の風景である。現代建築は高層化し林立しているけれども、有機的な統合性を欠き、もはやサグラダ・ファミリアに打ち込んだガウディのカトリックへの熱狂もなく、またバウハウスのグロピウスが提唱した、総合芸術としての建築の統合性の理念とも乖離してしまった。しかしこの帰結は、自由競争や「資本の論理」が生みだした、垂直志向の現代社会の宿命でもあったのだ。

二〇〇一年九月一一日、ニューヨークの世界貿易センタービルに対する航空機テロは、現代社会の矛盾を如実に示している。

一一〇階四一〇メートルのビルは高層化、鉄骨化、ガラス化された無機質の最先端技術のシンボルにほかならなかった。設計したのは日系アメリカ人であるミノル・ヤマサキであったが、この経済のシンボルタワーを攻撃したのも現代文明の華、航空機のボーイング767である。ビルは当時、多国籍の五万人の職場であり、いわば中世のキリスト教のシンボルである大聖堂になぞらえられる。それゆえイスラーム原理主義者は、アメリカのシンボルであるこのビルを標的にしたのである。

あわせてテロのもうひとつの攻撃目標に、軍事部門の中枢である国防総省のペンタゴンが狙われた。第二次世界大戦中に建設された建物で五角星形（ペンタゴン）は、防衛のシンボルとしても知られるが、攻撃目標が軍事力に対するものであったことが明らかである。したがって経済と軍事部門に対するテロは、相互に連動していたことがわかる。

欧米の高層ビルと軍事力という資本主義のシンボルは、アメリカの世紀をつくりだした二十世紀前半の「摩天楼」の伝統に根ざすものであった。広大な土地のあるアメリカで、都心に林立する高層ビルはやはりヨーロッパ文明の伝統である「塔」という垂直思想を受け継いできたものである。それは最小の土地で集中的に最大の効率を生みだす、資本主義の欲望のメカニズムを象徴化したものにほかならなかった。くわえて軍事的パワーも頂点を目指す垂直思想に裏打ちされ、それを支える体制であったが、テロはその横腹にいきなり大きな風穴を開けたようなものであった。

九・一一テロの結果、ビルが崩れ落ちた後の巨大なクレーターは、文字通り資本主義の墓標にほかならなかった。それは約三〇〇〇人の犠牲だけでなく、さらに何十倍何百倍の涙の根源であった。核と強大な軍事力をもつアメリカであっても、テロには力の論理は通じず、即効的には何の対抗策も講じることはできなかった。たしかにこの事件が引き金となって、アメリカは報復としてイラク戦争をひき起こしたといえる。

ブッシュ大統領の「敵か味方か」という二項対立の論理は、もとを質せば一神教の思想に由来する。現在でもアフガン紛争において、アメリカおよび同盟国の強大な軍事力をもってしても、テロという攻撃に対して有効な対応策を講じることが困難な状況に立ち至っている。イラク戦争の検証の結果、アメリカの論理の「正義」は、一方的なものであることが露呈した。すでにヴェトナム戦争の挫折によって、アメリカの力の論理に陰りが見えていたが、中東への軍事介入は、ボディブローのようにアメリカを弱体化させていった。

資本の論理は、アメリカ国内にも過疎と集中という矛盾とアンバランスをひき起こした。しかしそれだけではない。アメリカ・モデルは現代文明の原動力であるのでグローバル化しており、同様に、日本もそれに追従してきた。さらに多くの発展途上国もそれを目標にしたが、結果的に格差社会、民族戦争、環境破壊、南北問題をひき起こし、大量生産・大量消費の連鎖の構造は、極端なアンバランスを生みだした。中沢新一氏はその帰結として、「対称性の世界」が崩れ、生まれた「非対称性の世界」を次のように分析する。

「貧困な世界」は自分に対して圧倒的に非対称な関係に立つ「富んだ世界」から脅かされ、誇りや価値をおかされているように感じている。じっさいのところ「富んだ世界」は一極集中化しつつあるから、それに応じてますますこの非対称性はきわだつようになっている。圧倒的な政治力・軍事力・経済力を存分に行使して、「富んだ世界」は「貧困な世界」を小児化してしまおうとしているから、自分たちの内部に贅沢品や神との直接的な結びつきを汚すさまざまな媒介システムを移植されている「貧困な世界」は、それを屈辱とも冒涜とも暴力とも感じている。このような圧倒的に非対称な状況は、テロを招き寄せることになるだろう。（『緑の資本論』）

いうまでもなくこれは、アメリカに対して行使された九・一一の「同時多発テロ」の分析である。たしかにヨーロッパ文明の延長線に、アメリカ文明が金権主義、軍事力のアンバランス、貧富の差という極端な矛盾を生みだしてしまった。その結果、弱者の怒りが最終的にはテロをひき起こしたというのである。

「非対称性の世界」では、人間同士、人間と神との関係、人間と共同体、国家同士、南北問題などの点において、関係をずたずたに分断してしまった。繁栄した社会の背後には、すさまじい不毛の荒々しい世界の風景が、われわれの視野に入ってくるのである。だからといって、はげしい怒りや怨念から、捨て身のテロや破壊行為に走ることが容認されるわけがない。それはまた復讐の連鎖をひき起こし、ますます泥沼に足をとられるだけである。そうならないために、人間の繋がりが分断された現代において、もう一度、②人間の共同体の原点である大地に根ざした人間存在の意味を再検討する必要があろう。

現代の非対称の時代のなかで、二十一世紀の人びとは「機能性」「利便性」を目指して、さらに鉄骨とガラスを使った超高層ビルを建設し続けた。窓も同様に都市の発展とともに、増殖を繰り返してきた。従来の自然のなかで生活してきた人間は、都市のなかではますます自然から乖離し、天空の住人になった。いわばかれらの頂点にいるアメリカの独占資本は、「神の位置」から世界へビジネスの情報を発信してきた。しかしグローバル的に見れば、それが「非対称性の世界」を助長するものであるという意識はほとんどない。人びとは世界貿易センタービルの崩壊を、鉄骨とガラスでできた巨大なビルの崩壊と認識できても、それを垂直化の象徴であるアメリカ文明の非対称の矛盾と理解したり、是正することに思いをめぐらせたりしなかった。

浜本隆志『「窓」の思想史より』

問一

傍線①について。これはどのような世界か。30字程度で説明しなさい。

問二

傍線②とあるが、筆者がこのように述べる理由を説明した次の文の空欄に入る言葉を30字程度で述べなさい。ただし、「アメリカの時代」「欲望」の二語を必ず用いること。

【　　】という現代社会の矛盾を解消する道を見いださなければ、自然に根ざした人間同士の関係に基づいた世界は回復しないから。

◆解説

問一

傍線①の説明を求めている問題でしたから、その傍線とイコールの内容を考えていくことになります。傍線①の1行前からを見ていただければ、傍線①=無機質化されたコンクリートが林立した世界だとわかります。これを答えに書いていただければ、とりあえず「梅」の答えの完成です。

梅 無機質化されたコンクリートが林立した、ジャングルと化した世界。

ただ、1行前の頭に「都会は」とありますから、これは都会の姿です。しかし、都会にジャングルはありません。つまり、この梅の答えは「比喩表現」なのです。入試の記述では、比喩を用いた答案は認められません。内容にあやふやさが出てくるからです。ということで、次のミッションは、この比喩表現を一般的な内容に変換することです。「林立」という言葉に着目すれば、ある程度の「高さ」があるとわかります。都会の様子で、かつある程度の高さがあるということは、この梅の世界は傍線の5行前にある、「超高層ビル群」を指していたのだとわかります。それを踏まえて続きに注目です。超高層ビル群とは、要するに孤立空間だったのです。これを踏まえた答案を作れば、「竹」の答えになります。

竹 超高層ビルが立ち並ぶ、孤立空間の様相を呈している世界。

ここまで来れば、かなりいい答案です。実際の入試でこれだけ書ければ、合格ラインに乗るでしょう。ただ、せっかくですから、満点の答案も作ってみましょう。その際にポイントになるのは、傍線の中にある「非芸術化」です。梅や竹の答案にはこの内容が含まれていないので、満点には届かないのです。さて、それでは「非芸術化」の内容を明らかにしましょう。傍線①の2行後からをご覧ください。ここから、建築の統合性があれば芸術として認められるのだとわかりますから、「非芸術化＝建築の統合性が失われた」だとわかります。この内容を答えに盛り込んで、「松」の答案になります。

松 建築の統合性が失われた、超高層ビルが林立する分断された世界。

問二

まずは設問にある空欄の直後に注目です。「という」と書かれています。この言葉の前後は無条件でイコールになりますから、空欄＝現代社会の矛盾だとわかります。では、その矛盾とはなにかを探していきましょう。64ページの前半に「矛盾」とありますし、使えと言われている「アメリカ」もありますから、怪しいですね。実際、これらの直前を見れば、現代社会の矛盾がわかります。それを使えば、とりあえず「梅」の答えが完成します。

梅 欲望のアメリカの時代は、貧富の差などを生んでいる

「欲望」という言葉を使えと言われていますから、とりあえず先頭に放り込んでみました。本当はもっと考えて「欲望」という言葉を配したいのですが、「梅」の段階なら、これで十分でしょう。ただ他にも不満なところがありますね。本当は「軍事力のアンバランス」という内容も入れたいところです。ですが、それを入れてしまうと、字数オーバーになります。「金権主義」・「軍事力のアンバランス」・「貧富の差」は「富や力の格差」とまとめられます。このワードを入れれば「竹」の答えにアップデートされます。

竹　欲望のアメリカの時代になり、富や力の格差が生まれた

ここまで書ければ上々だと思いますが、「梅」のところで出てきた問題がまだ残っています。「欲望」という言葉の使い方です。そもそも、今までの答えで出てきた「アメリカの時代」とは、どのような時代なのでしょうか。59ページのまんなかに注目です。アメリカは、ひたすら金儲けを追求しているのです。この内容を踏まえて答えを書けば、「松」の答案の完成です。

松　欲望を追求するアメリカの時代を迎えたことによる、富や力の格差

第六講

◆問題

次の文章を読んで、後の問いに答えなさい。

たとえば小学生の子どもたちにとって時間の推移とは、四季折々の気象の変化ではなく学期の切れ目やそこに挿入された休暇の終結によってはっきり認識されると思うのだが、それでも道ばたで遊んでいる彼らが感知するのは、日没が少しずつはやまって影のぐあいが微妙に変化し、私が幼かったころにはほぼ普遍的な尺度であった「五時」というあの不思議な境界線の前後の明暗ではないだろうか。

勝ち負けがへんなしこりを残さず順繰りに動き、最後には誰もが公平さを学ぶことになるような、原始的な遊びに興じて時を忘れ、ふと気づくと校庭や公園のラッパ型スピーカーから音楽の流れてくる時刻が一時間ほどはやめられている——そんなとき彼らは、冬の休みが近いことを肌で感じ取るのだ。

ちょっと前まで夜の七時から放映されていたアニメ番組の再放送を見るためあわてて家路につき、夕御飯を食べて湯を浴びたあとは形だけ宿題をこなしてふたたび受像機の前に座り、やがて起きている権利のない九時か十時に差しかかると、自分で決めたわけでもない翌日の時間割をあわせて布団に滑り込む。かつての子どもの日常はそうしたおおらかなリズムで過ぎていったはずなのだが、それが単調だと悩むことなどなかったし、母親にしても外で働いているのでなければ一日の時間の区切りは子どもの生活に合わせてあるのだから、おなじ言葉をおなじ時間に発していてもべつだん不服はなかっただろう。それは正しく引き受けるべき幸福な単調さと呼ぶべきものであって、運動会や遠足や文化祭や卒業式などの、季節ごとの学校行事の規則性にひそんでいる退屈さにも似た、どこまでも均質な時間なのだった。

反復される変化の間隔が年ごとにみじかくなるのは、双方の、つまり子どもの側と両親の側の加齢によるものだが、平板な日々のリズムを寸断し、子どもの心を静かに揺さぶるような事件は、残念ながらまことに少ない。身近な人の死であるとか、親しかった友だちの転校であるとか、生々しい不安や苦痛を与える出来事は考えられても、なにか奥深いところでうごめく病巣に比しうるような胎動は、目先を流れていく時間に埋もれて、なかなか見出しづらい。長じてから思い出される幼年期は、平らかな日々の移りゆきをかならずしも平らかでないと感じていた当時の気持ちに、甘く収斂されてしまいがちである。

ところがたったひとつ、これも暦に支配されたものながら、他とは性質の異なる体験がある。春夏秋冬の行事に関係なく定められ、さまざまな特権をいちどきに味わう場。一歳だけ年を重ねるために必要な日付変更線。すなわち、誕生日である。私自身は年のあらたまる中途半端な季節に生をうけたため、いわゆる誕生日会と呼ばれる催しとは縁が薄かったのだが、今春、まだひとケタの年齢を祝う誕生日に少数の《お友だち》を招いたときの娘の興奮ぶりを見て、それがどれほど平常の時の流れから遊離した特殊な事件であるかに、いまさらながら気づかされたのだった。「ほとんど理解できない不思議な経験に最も富んでいるのは、やはり誕生日であった。区別をしないのが人生の常であることは、僕もすでに知ってはいたが、やはり誕生日の朝はやはり楽しい一日を予期しきって起きた」と書いたのは「マルテの手記」のリルケだが、たしかにその朝は、お祭りやクリスマスなどともまるでちがう気圧のなかにひろがっていたのである。

それにしても、すべての日常から外れて、期待と不安に満ちた一日を、私はどのように失っていったのだろうか。誕生日がもたらす新鮮な軋みを、いつからののっぺりした日々の波に返してしまったのだろうか。娘の様子を見ていて最初に思ったのは、そんな誕生日の喪失であった。夢見ていた特別の一日の崩壊は、自身の失態によってもたらされるのでも、子どもっぽさに突然嫌気がさす時期と連動している成長過程によって生じるのでもなく、いつのまにか訪れたとしか言いようがない地滑りのごときものなのだ。

いや、もしかするとその幕引きは、大人の手によってなされたのかもしれない。「まだ目がさめきらないうちに、部屋のそとで誕生日のケーキがまだとどけられていないと大声で言っているのが聞こえたり、お祝いの品々をテーブルへならべている隣室からなにかこわれる音が聞こえたり」する大人たちの失敗は、「僕たちが子供から大人になる手術」なのだとマルテは書いている。この手術を介して、それまで主役であった子どもたちは、自分を引き立たせてきた大人たちのことを考えはじめるのだろう。誕生日の意義がここで逆転する。子どもは祝われることをやめて、うまく祝わせてやることに心をくだくようになる。

そつなく準備された一日。甘やかな期待とその充足は、なにからなにまで大人たちが不都合のないようとりはからってこしらえた筋書きだったのだ。ケーキも、部屋の飾りも、贈り物も。誕生日の消滅はひとつの残酷な秘儀である。時の流れから突き出ていた空間がしなやかに裏返って、気ぜわしい日常に飲み込まれていく。「誕生日を救うことがなによりもの急務である」と詩人はさらに言うだろう。「大人たちから目をはなさずにいて、かれらの失策を未然に防ぎ、すべてをいまなくやっているという大人たちの自信を強めてやることが必要」なのだと。

B お膳立てされた空間で、子どもは子どもである無垢な立場から追い落とされ、まがいものの自己をつくりあげなければならない。マルテの記述はたんなる懐かしさの奪回を意味するのではなく、もっと本質的な存在の根を洗い直せと訴える叫びなのだろうが、救いそこねた誕生日のぶんだけ子どもが大人に近づいていくのだとすれば、いつまでたっても大人になった気がしない私はあといくつの誕生日を反古にしたらいいのだろうか。

（堀江敏幸「誕生日について」より）

※注

『マルテの手記』＝リルケの小説。一九一〇年刊。デンマーク生まれの青年マルテのパリでの手記の形式をとり、生の不安と孤独をつづっている。

問一

傍線Aとあるが、なぜ単調さが幸福であるのか。50字程度で説明しなさい。

問二

傍線Bとあるが、これはどういうことか。90字程度で答えなさい。

◆解説

問一

単調なのが幸福である理由を聞いている問題でした。傍線Aの2行前からを見れば、子ども時代は単調なのだとわかります。そして、傍線Aでは、単調なことは幸福であると言っているのです。しかし、これはどういうことなのかよくわかりませんね。一般的には、単調だとつまらないですから。それを幸福と表現しないでしょう。ではなぜそう表現しているのか。答えはさらに前に隠されていました。傍線Aの3行前です。先に確認した通り、単調だとつまらないのです。不幸だと言ってもいいでしょう。しかし、それでも悩まないで済んだのです。だからこそ、傍線Aで「幸福」と言っているのです。この内容を利用した答案を作れば、とりあえず「梅」の答えになります。

梅 子どもの日常はおおらかなリズムで過ぎていたが、それが単調だと悩むことはなかったから。

ただ、「おおらかなリズム」という言葉は、本当は使いたくありません。これは「単調」を比喩的に表現した言葉ですが、比喩表現は国語の答案では使えないのでした。また、傍線にある言葉も答案には本来入れません。にもかかわらず、この答えには「単調」が使われています。そういったツッコミどころはありますが、それでも、これだけの答案を書ければ上々です。

では、これらの問題点を解決していきましょう。「おおらかなリズム」は、子どもの日常の特徴ですが、それは傍線Aの直後に書かれていました。子供の日常は、規則的で退屈なのです。そういった「なだらか」な進行のことを「おおらか」と表現しているのです。この内容を書ければ、「竹」の答案になります。なお、運動会や遠足といった内容は具体例です。これを入れてしまうと、「入学式とかは？」というツッコミが入りますので、ここには触れません。

竹　規則的で退屈な日常を単調だと悩まずにいられるから。

規則的で退屈な生活を送っているならば、それは不幸なことです。しかし、不幸であることを自覚しないで済んでいるので、傍線で「幸福」と述べていたのです。ただ、こうなると逆に字数が足りなくなってしまいます。それもそのはずで、実は幸福な理由がもう一つあったのです。それを書き加えて「松」になります。では、もうひとつの理由とはなにか。傍線Aの3行前からに注目です。本文中では「母親」と書いてありますが、これは抽象化した方がいいでしょう。確かに代表的なのは母親でしょうが、母だけでなく、まわりの大人が自分の生活に合わせてくれるというのが、ここで述べられていることです。これもありがたいことですから、「幸福」の理由になります。ここまで書けて、満点の「松」になります。

松 周りの大人は自分の生活に合わせてくれているし、規則的で退屈な日常を単調だと悩まずにいられるから。

問二

傍線の説明を求める問題ですから、イコールの内容を作っていくことになります。これは、傍線を分解すればスムーズにいきます。前半の「お膳立てされた空間」、真ん中の「子どもには無垢な立場から追い落とされる」、後半の「まがいものの自己をつくる」と三ブロックに分けてあげて、それぞれを言い換えれば終了です。

まずは、「お膳立てされた空間」についてです。74ページのラストからを参考にしていただければいいでしょう。これは自分の誕生日のことを指しています。子どもにとって、自分の誕生日は、大人がきちんと準備してくれた時間なのです。この「準備してくれた」という内容を、傍線では「お膳立て」と表現しているのです。この内容を入れてくれれば、「梅」の答案にはなります。

梅 子どもの目が覚め切らないうちに大人がケーキを手配したり、お祝いの品々をテーブルに並べたりしてくれた誕生日という時間を過ごす中で、子どもは無垢な立場から追い落とされるということ。

一応、この答案でも多少の部分点は入ります。ただ、字数指定内に抑えるために、最後の「まがいものの自己をつくる」という内容を省くことになってしまいました。これは、誕生日の記述をこまごま書いてしまったせいですね。ケーキの手配といった具体的な内容は、優先順位が下がりますので、今回は省きましょう。きちんと最後のブロックを書き加えることの方がはるかに重要です。最後の「まがい物の自己をつくる」というのは、演技をするということです。75ページを見れば、どのような演技をしているかわかります。特に参考になるのは、傍線Bの2行前ですが、大人が自信を持てるように演技しているのです。この内容を

「梅」に加えれば、「竹」になります。

竹 大人が準備してくれた自分の誕生日を過ごす中で、子どもは無垢な立場から追い落とされ、むしろ大人がうまく祝えたと思えるように、子どものほうが演技をする必要があるということ。

これはなかなか興味深いですね。本来、子どもにとって誕生日はうれしいイベントのはずです。しかし、本文の記述に基づけば、誕生日はむしろ「大人の階段」だったのです。周りに対する配慮を学ぶ機会だったのですね。

さて、この問題の解説に戻りましょう。「梅」や「竹」の答えにはまだ問題がありました。傍線にある「無垢な立場」という言葉をそのまま使っていますから、これは修正する必要があります。ここの答えとして使える部分が本文中にはありませんでしたから、これは自分で言い換える必要があります。無垢というのは純粋という意味ですから、真ん中のブロックは「誕生日を純粋に楽しめなくなった」という内容です。この内容を入れて、満点の答えになります。

松

大人が準備してくれた自分の誕生日を過ごす中で、子どもはその時間を純粋に楽しめなくなり、むしろ大人がうまく祝えたと思えるように、子どものほうが演技をする必要があるということ。

傍線の「無垢」や「まがいものの自己」をうまく言い換えられなければ、そのまま使うのもやむなしでしょう。白紙で出すよりははるかにましです。その意味では、「竹」の内容を書ければ、しっかり粘ってくれた立派な答案だと評価していいと思います。

第七講

◆問題

次の文章を読んで、後の問いに答えなさい。

もともと演劇に対する私の関心は、ほかの仕方では接近しにくい人間と世界が、そこでは凝縮的に捉えられ、重層的に表現されるということにあった。ある具体的な場面つまり状況のなかで、人々の情熱や欲望の取るかたちが示されることであった。しかもそれが、明確な構成をもって成立しているために、哲学との間に近しさを感じていたのである。しかし、それはただちに、〈演劇的知〉を提唱することには結びつかない。

むしろ、その提唱へと私を促したのは、近代の学問や科学があまりに〈機械論〉モデルに囚われているのを感ずるようになったことであり、また、近代の学問や科学そのものが脱皮しようとして、在来捨象されてきた場や相互作用などを取り込もうとする動きが見られるようになったことである。（たとえば、弁証法が一時いろいろな領域の人々によって説かれたのも、その動きのあらわれである。）そしてもしも、近代科学の知が見落としてきたそれらのものを生かした学問を構想しようとするならば、そのときには、〈演劇〉モデルがもっとも有力な手がかりになるのではないか、と思うようになったのである。しかし、そうは言っても、演劇と知とはむろん簡単には結びつかない。

最近では〈演劇〉に対する偏見や固定観念が大分払拭されてきたけれど、それでも演劇や芝居というと、科学や学問と一緒に論じることに抵抗感を抱く人が、少なくないだろう。そういう人たちには、一方は〈遊び〉ごとであり、もう一方は〈まじめ〉な営みだという二分法が暗黙裡にあって、両者を結びつけることどころか、それとこれとを一緒に扱い、論じることからして、ひどく困惑を感じるに違いない。

そこには、〈遊び人〉と〈堅気〉という区別にも似た分け方がまかり通っている。しかも、この二つの領域を結びつけようとすると、科学や学問の側からだけクレームが付くのではない。演劇や芝居、広く言って芸能の側からも、なにか自分たちの自由が束縛されるかのような反撥を受けることが多いのである。

このような二分法や区別は、歴史的に見てそれなりの理由があり、近代において、それぞれの領域を一定の方向に発展させるのには役立ったとしても現在になって振り返ってみると、その結果、とくにA学問や科学が生の根源から断ち切られ、貧血症に陥ったことは、誰の眼にも明らかであろう。学問や科学が現実に十分には対応し切れなかったのも、実はそのことに由来している。

しかしそうだとしても、では実際に、どうやって演劇や芝居と学問や科学を結びつけることができるのだろうか。学問や科学には、演劇や芝居の場合とちがって、そこに或る種の禁欲が必要なことが、大きな特徴であり、両者を結びつける上でネックになる、と一般には思われるだろう。だが、このように思うのは、演劇や芝居を気楽な観客の立場で観ているときのことであり、演ずる立場、つくる立場に立てばそこにもやはり一種の——ある意味ではもっと込み入って難しい——禁欲が必要である。そのことは、少し考えてみればすぐわかるはずである。

ところで、演劇と学問や科学との結びつきを問題にする場合に、すでに在るものとして割合に考えやすいのは、近代リアリズムの演劇である。というのも、一般に〈写実主義〉演劇と訳されるリアリズム演劇は、近代科学の考え方の洗礼を受けたものの捉え方を前提にして書かれ、演じられているからである。数ある近代演劇のなかで、そういう意味で代表的なものだからである。だが、もう少し立ち入って論じることにしよう。

たとえば、それについて、あるすぐれた演劇学者はこう言っている。自分が〈近代リアリズム〉の演劇という場合には、人間の情景の厳密に写真的な模倣から成る演劇のことを考えている。カメラとラジオとは、少なくとも百年まえに始まった動向を受け継いで、現代生活の表面つまり音と光景とをますます正確に再現している。今ではわれわれは、ほかのことはできなくなっても、依然として隣人たちの噂話をしたり、他人の生活を立ち聞きしたりすることができる、と。（F・ファーガソン『演劇の理念』）〈人間の情景の厳密に写真的な模倣〉というこの捉え方は、舞台上の写実主義の特色を端的に示してはいるけれど、いかにも狭すぎる。そこで、もう少し広く芸術一般に適用するリアリズム概念を補足しておくと、次のようになる。すなわち、それは、現実の社会風俗を正確に描こうとしたものであり、すでに十八世紀に現われたが、十九世紀に入って、飛躍的に発達した実証主義の精神によっていっそう助長され、生物学、医学、歴史学、社会学などの実証科学の成果もそこにとり入れられた、と。

しかし演劇の場合、このような補足をしただけではまだ不十分である。というのは、近代リアリズム劇の演劇的な構造上の重要な特徴は、なによりもそれが純粋な対話劇であることにあるからだ。純粋に登場人物たちの対話だけから成る演劇をつくり出すというのが、近代リアリズム劇の夢であり、主張であった。そしてこの近代リアリズム劇は、〈写実〉主義という建て前を通すために、二つの大きな無理をしている。

その一つは、架空の〈第四の壁〉によって舞台と客席とが隔てられているように想定していることである。だから観客は、その見えない壁を通して、舞台上の部屋の中で現実そっくりに生活している人々の会話を観客席から覗き見するということになるのである。大きな無理のもう一つは、このように純粋な対話劇をめざすと、古来の重要な演劇の手法であった独白という手法が使えなくなり、そのためにだけ〈話し相手〉を設定したことである。つまり、作中人物が容易に他人に打ち明けられないような秘密を語る必要が起こると、親友役をつくって、対話の話し相手にするのである。

今から思うと、この二つの無理はなかなか興味深い。というのは、そのように近代的なリアリズム＝写実主義の建て前を通すことによって、演劇の本来の特質が生かされずに、歪められてしまったからである。では、演劇本来の特質とはなにか。それは、まえにも触れたように、人間と世界とを凝縮化して重層的に捉え、描き出し、人間の隠れた本質を捉えることである。

（中村雄二郎『臨床の知とは何か』より）

問一

傍線Aとあるが、これはどういうことか。60字程度で説明しなさい。

問二

近代リアリズムの問題点について、筆者の考えを70字程度で説明しなさい。

◆解説

問一

傍線Aの説明を求めている問題でしたから、それとイコールの内容を考えていくことになります。傍線A直前に「その結果」とあります。それを踏まえて前を見ていくと、「二分法や区別」と書かれています。これは、さらに前からを見れば、「演劇や芝居」と「科学や学問」を切り離してしまったという意味だと分かります。前者は遊びであり、後者はまじめな営みで、まったくの別物だと捉えるようになったのです。以上より、傍線A＝「演劇や芝居は、科学や学問と全く違うのだと考えた結果」だとわかります。では、そう考えた結果どうなるかと思考を展開していけば正解になります。しかし、そこが難しいというのであれば、この内容を答えに書いてしまえばいいでしょう。

梅　まじめな科学や学問、遊びに過ぎない演劇や芝居といったように、両者を区別しているということ。

ただ、おそらくこれでは点数がつきません。先の解説でも出てきた通り、「演劇や芝居は、科学や学問と全く違うのだと考えた結果」が何なのかを文中から見つけることで、完璧な答案になります。傍線自体からもヒントをもらいましょう。傍線Aの後半に「貧血症に陥った」と書かれています。漢字に注目です。これは「貧しくなった」という意味になります。要するに、傍線Aは「学問や科学が貧しくなった」という内容だったということです。確かに貧しくなるでしょう。「梅」のところでも出てきたように、学問や科学は、演劇などと切り離されました。そうなると、演劇や芝居の要素・エッセンスが損なわれます。だから、傍線Aでは「貧しくなった」と書かれるのです。では、演劇や芝居の要素とは何か。それを明確にすれば満点ですが、それが見つからなかったというのであれば、これまでの情報をまとめて答案にするしかないでしょう。

竹 まじめな科学や学問、遊びに過ぎない演劇や芝居といった区別によって、演劇や芝居の要素が失われてしまったということ。

いよいよ最終段階です。科学や学問は、演劇などと切り離されたことで、それらの要素を失いました。では、「演劇などの要素」とは何だったのでしょうか。88ページに「演劇本来の特質とは何か」と書かれていますから、その後に答えがありそうです。実際、この後を読めば、演劇とは、人間と世界とを凝縮化して重層的に描き出すことで、人間の隠れた本質を捉えるものだったとわかります。つまり、演劇や芝居の要素が失われたというのは、このような捉え方が出来なくなったという意味だったのです。それを書けば「松」の答えになります。

松 学問や科学では、人間と世界とを凝縮化して重層的に描き出し、人間の隠れた本質を捉えることができなくなったということ。

問二

近代リアリズム演劇の問題点を読み取る問題です。88ページに注目です。近代リアリズム演劇は、「この二つの無理」をしたことで、演劇本来の特質が生かされずに歪めてしまいました。演劇本来の特質というのは、問一でも出てきた、「人間と世界とを凝縮化して重層的に描き出し、人間の隠れた本質を捉える」というものですね。以上をまとめれば、とりあえず「梅」の答えになります。

梅 この二つの無理をした結果、人間と世界とを凝縮化して重層的に描き出し、人間の隠れた本質を捉えるという演劇本来の特質が生かされず、むしろ歪められてしまった。

さて、次に何をするかは、もうお分かりですね。いきなり「この二つの無理」といわれても、どのような無理かわかりません。したがって、その内容を明らかにする必要があります。なお、先に述べておきますが、二つの無理を記述すると、字数が80字を超えてしまいます。演劇本来の特質に関しては、問一でも答えていますから、その具体的な説明を省くことで、字数を調整していきます。87ページのまんなか以降で一つ目の無理が書かれていますから、それを入れて竹の答えになります。

竹 舞台と客席が隔てられていると想定することで、観客は舞台上会話を観客席からのぞき込むような形式になってしまい、演劇本来の特質が歪められてしまった。

あと一歩です。無理は二つありましたね。88ページのはじめに「大きな無理のもう一つは」とありますので、この後も答えに入れることになります。その代わり、一つ目の無理に関しては、「舞台と客席を隔てた」という内容に絞りましょう。覗き見るような形式になってしまったというのは、その結果にすぎませんから、「隔てた」の方がより根本的な内容です。

松

舞台と客席が隔てられていると想定したことと、独白という手法が使えなくなったことによって、演劇本来の特質が生かされずに、むしろ歪められてしまった。

MEMO

第八講

◆問題

次の文章を読んで、後の問いに答えなさい。

詩とは、けっきょくのところ、なんだろう。

詩とは、あらすじを言うことのできないもの。詩とは、伝達のためのことばではないもの。「なにかでないもの」という言い方ならばできそうだが、「詩とはこれだ」とひとことで言うことはむずかしい。

詩は、雨上がりの路面にできた水たまりや、ベランダから見える鉄塔や、すがたは見えないけれどもとおくから重い音だけひびかせてくる飛行機や、あした切ろうと思って台所に置いてあるフランスパンや、そういうものと似ている。

そういうもろもろの「もの」は、たしかにある状況のなかでは役割や意味をもつものだけれど、いついかなる場合にもその役割や意味をにないつづけているわけではない。意味をはなれて、ただたんに存在しているだけのときもある。そういうときには、われわれはそれらを純粋に視線の対象物としてただ見て、世界の手ざわりを知る。

路面の水たまりを踏まないようにということを、わたしはあまり意識しないで歩く。水たまりははかないもので、短ければ数時間で消えてなくなる。道路のアスファルトの表面にある微妙なへこみのかたちを、水たまりはおしえてくれる。水面に油滴がおちていて、ピンクと緑だけが強調されたようなふしぎな虹色に光っていることもある。

鉄塔はわが家のベランダの真正面にあるわけではないので、はすかいに組まれている鉄骨の一本一本は奥と手前がちょっとずつずれて見え、ひとつひとつことなる菱形や平行四辺形や三角形をいっぱい見せてくれる。背景は雲のながれる空である。

飛行機の音は天候によって、風向きによって、毎日わずかに調子がちがう。雲の上のあのあたりからきこえてくる、と思ってその方向を見るのだが、きっと飛行機は音よりはやくどこかに行ってしまっている。

フランスパンはちらりと視界にはいっただけでも、そのごつごつ、ぱりぱりした表面の手ざわりをかならず思いおこさせる。あしたあれを切ったら、きつね色のかたい皮の内側から、穴だらけの、しろくふわふわしたところが出てくるのだ。ほんのわずかに酸味を感じさせる独特の匂いを、わたしは思い出してみる。

そういう「世界の手ざわり」は、人間のコントロールからこぼれおちているものだ。それらはただ、人間をとりまく環境としてそこにある。わたしは「手ざわり」に囲まれて生き、

「手ざわり」から世界の正体を想像して日々をすごす。

詩もまた、そういう手ざわりのひとつだ。

詩を読んでいてうれしいことのひとつは、その詩を読むことではじめて知ったような感情や知覚の微妙なありようを、あとになって実際に体験しなおすことがある、ということである。つまり詩は、わたしがまだ知っていない「わたしの感じ方」をつくるきっかけになっている。

詩を書く人がはじめに「言いあらわしたいこと」の全貌をこころのなかに用意し、それを技巧をつかってじょうずに伝達するのだとしたら、読むわたしの側にこういう感じ方は生まれないのではないかと思う。その場合そこにあるのはA「伝えたい意味内容」の梱包（書く側）と開梱（読む側）であって、余韻がない。

でも詩は、たぶん、「言いあらわしたいこと」より「ことばの美的な運用」が優先されるものなのだ。だから、書いた本人も自分がそんなことを書くなんて思いもよらなかったことが書かれることもあるし、書いた本人だからといってその一篇の詩を完全に読みとけるわけでもない。

このことは、自分が詩を書くようになっていっそうはっきりした。

ただひとつの「言いたいこと」を渾身の叫びのようにして書きつづけるタイプの人もいると思うが、表現者としては短命にならざるをえないだろう。詩にかぎらず、表現にかかわる人ならばみな自覚することだと思うが、表現に苦心する過程で「言いたいこと」はかならず変化してしまうのである。結果として、「自分はこんなことを言ってしまったのか」とおどろくことすらある。

詩を書くとき、人は謙虚になる。自分が自分の表現をすべて把握し、コントロールするということができないからだ。自分の知覚、自分の思考、自分で責任をとれることばを、詩はいつも超えてしまうのである。

二十世紀の人々がつくりだした希望としての「四次元」を、わたしはいま思い出している。人間はいま世界を、「たて、よこ、おくゆき」の三つの軸でしか把握できない。四番めは時間でしょう、と言う人もいると思うが、アインシュタイン以前、時間と三次元空間とははっきりとべつべつのものであり、同列に考えることはできなかった。しかし、それでも四次元は「ある」と考えた人が、いろいろなところにいた。物理学者、数学者、最先端の画家、そして仏教思想の最高知識人たち。

彼らは頭のおかしい野心家だったのではなくて、人類でもっとも謙虚な人たちだったのだと思う。なぜなら、彼らの考えの出発点は、「現在の人類が知っているものごとはかぎられている。いまの人間には知覚できないものが、この世界にはまだまだたくさんあるにちがいない」という確信だったからである。

いま人間が「不可知」とか「想定不能」とか称していることも、より高次元の知覚をもってそれらを見るならば、ごくシンプルで美しい法則によってすべてが説明できてしまうことなのかもしれない。

詩は、こうした高次元の知覚や思考の「予告篇」のようなものだと思う。

いまの人間が、かぎられた知覚や思考で「因果関係」みたいなものを想定し、それですべて説明しつくしてしまえるものではないのだ。

数学者が難問にとりくんでいる最中に、非常にシンプルで美しい式を得たら、かれはその正しさを確信するにちがいない。

おなじように詩人は、詩を書き、推敲し、詩句をひねりまわしている最中に思いがけない美しいことばを得たらその詩の正しさを確言するのである。それはしばしば、「自分の頭で考えた、みんなに伝えたいこと」などというちっぽけなもくろみをこなごなに破壊する。そうでなくても、自分が書きあらわそうとしたものには、コントロールをのがれた「手ざわり」がかならず付随して、いっしょに伝わってしまう。だから「書いているわたし」という主体性はつねに不安定にゆらいでいる。

詩とはそういうものだ。

いま人間にできることは、謙虚になるきっかけとしての詩に接することだ。

理解しようとしてどうしても理解しきれない余白、説明しようとしてどうしても説明しきれない余白の存在を認めること。

そのとき、自分の思いえがく「自分像」は、かぎりなく白紙に近づく。閉ざされていた自分がひらかれる。いまの自分がまだ気づくことのできない美しい法則が、世界のどこかにかくされてあることを意識するようになる。

B 詩に役割があるとしたら、それだけでいいのだと思う。

（渡邊十絲子『今を生きるための現代詩』より）

問一

傍線Aとあるが、これはどういうことか。60字程度で説明しなさい。

問二

傍線Bについて、詩の役割とはどのようなものだと筆者は考えているのか。問題文全体の趣旨に即して80字以内で答えなさい。

◆解説

問一

傍線Aの説明を求めている問題です。これは「ブロック分け」を利用して対処します。傍線を「伝えたい意味内容の梱包」・「開梱」・「余韻がない」の三ブロックに分けて、それぞれとイコールの内容を読み取っていきます。傍線Aの2行前から注目してください。詩の中に言いあらわしたいことを込めて、伝達しようとすることを「梱包」と表現しているのです。その内容を答えに入れてくれれば、とりあえず「梅」になります。

梅　詩を書く人が、詩の中に「言いあらわしたいこと」の全貌をこころのなかに用意し、伝達しようとすること。

ただ、まだまだ不十分です。はじめに傍線を三ブロックに分けましたが、まだ一ブロック目を明らかにしただけです。ということで、二ブロック目の「開梱」と三ブロック目の「余韻がない」も明らかにしていきましょう。「開梱」に関してはそこまで難しくないでしょう。

詩を書いた人が言いあらわしたいことを梱包して送ったのですから、それを受け取って開梱するのは、当然読者です。「読者が受け取る」という内容を入れれば、「開梱」の説明はばっちりですから、点数アップです。そして、三ブロック目の「余韻がない」ですが、これはなかなか難しいですね。ここは「オウム返し」の答えにしておいて、一・二ブロックの内容を表現できれば、十分に満足のいく答案になったと言っていいでしょう。

竹　詩を通して、こころの中に用意した言いあらわしたいことを伝達し、読み手がそれを受け取るだけでは、余韻がないということ。

最後に、後回しにした「余韻がない」の言い換えをしていきます。4、5行前に出ていました。「感情や知覚の微妙なありよう」とあります。どちらも「はっきりしない感じ」というニュアンスの言葉で、「余韻がない」と同内容です。この内容まで入れられれば「松」の答案になります。

松　詩を通して言いあらわしたいことを伝達し、読み手がそれを受け取るだけでは、感情や知覚の微妙なありようが失われるということ。

問二

詩の役割がどのようなものか考える問題でした。傍線Bの3行前からに注目です。自分に気づけない美しい法則があると意識させるのが詩の役割だったのです。とりあえず、この内容が入っていれば、「梅」の答えにはなります。字数との兼ね合いもありますから、もう少し前から記述していけばいいでしょう。

梅 説明しても説明しきれない余白があると認めることで、自分像が限りなく白紙に近づき、今の自分にはまだ気づくことのできない美しい法則があると理解させるもの。

お分かりの通り、まだまだ不十分な答えです。「余白」というのは、「自分にはまだ気づくことのできない美しい法則」を比喩的に表現したものであり、内容に重複がありますし、そもそも比喩的な言い回しは、現代文の答案に書きません。また、「自分像が限りなく白紙に近づき」も比喩ですから、本来は使えません。しかし、これらを取り払ったら、字数の少なすぎる答案になってしまします。ここでは、改めて設問に立ち返りましょう。この問題は、「詩の役割」を探す問題でした。100ページのラストを見れば、それは「人を謙虚にさせる」というものだとわかりますから、これも答えに入れる必要があります。勘のいいひとは、ここで一つ気づいたはずです。「梅」の答えで出てきた「自分像が白紙に近づく」というのは、この「謙虚になる」を比喩的に表現したものだったのです。自分が白紙ということは、自分の中に何もないという意味であり、自身の能力のなさを認めているのです。これは、まさに「謙虚」な態度です。ということで、梅の「白紙」の部分を「謙虚」に置き換えて、竹の答えにランクアップです。

竹 説明しても説明しきれない、余白があると認めることで人は謙虚になれるので、今の自分にはまだ気づくことのできない美しい法則があるとわかるようになるというもの。

さて、いよいよ最後の段階です。竹のところでお話しした通り、実は前半の「余白がある」という内容も、答えには入れません。ではその代わりに何を答えに書くのか。字数を増やすときには、理由を加えるといいのでした。今回は、文中に謙虚になる理由が書かれていましたから、それを入れて満点の答えです。謙虚になれる理由は、99ページの4行目からに書かれていました。ここをチェックし、その内容を入れて「松」の答案になります。

松 自分が自分の表現のすべてを把握し、コントロールすることはできないと知り、謙虚になることで、まだ気づくことのできない美しい法則があると理解させるというもの。

MEMO

第九講

◆問題

次の文章を読んで、後の設問に答えよ。

産業革命以前の大部分の子どもは、学校においてではなく、それぞれの仕事が行なわれている現場において、親か親代りの大人の仕事の後継者として、その仕事を見習いながら、一人前の大人となった。そこには、同じ仕事を共有する先達と後輩の関係が成り立つ基盤がある。それが大人の権威を支える現実的根拠であった。そういった関係をあてにできないところに、近代学校の教師の役割の難しさがあるのではないか。つまり学習の強力な動機づけになるはずの職業共有の意識を子どもに期待できず、また人間にとっていちばんなじみやすい見習いという学習形態を利用しにくい悪条件の下で、何ごとかを教える役割を負わされている、ということである。

中世では、学校においてさえ後継者見習いの機能が生きていた。たとえば、教師がラテン語のテクストを読む作業をする。あるいは文字を使って文書を作る書記の作業をする。それを生徒が傍で見て手伝いながら、読むこと書くことを身につけていく。こういう事態を指して、フィリップ・アリエスは、『〈子供〉の誕生』の第二部「学校での生活」において、中世には学校はあったが、教育という観念がなかったという。これの意味は、単に教授法が未開発だったために目的意識的な働きかけができなかったということではない。中世の生徒が、将来ラテン語を読み、文書を作る職業としての教師＝知識人＝書記の予備軍であったために、見習いという方式がそれに適合していた、ということである。

　これは逆にいうと、中世の教師は、近代の教師によりも、同時代の徒弟制の親方に似ていることを意味する。中世の教師は、テクストを書き写し、解読し、注釈し、文書を作る人である。その職業を実施する過程の中に後継者を養成する機能が含まれていたということができる。その意味では、ア中世の教師は、逆説的にきこえるかもしれないが、教える主体ではなかった。同様に中世の生徒も教えられる客体ではなかった。両者は、主体と客体に両極化する以前の、同じ仕事を追求する先達と後輩の関係にあり、そこには一種の学習の共同体が成立していた。

　後継者見習いが十分に機能しているところでは、教える技術は発達しにくい。まして、教える側の、教えられる側に対する働きかけを、方法自覚的に主題化する教授学への必要性は弱い。現に、教授学者たちが出現するには一七世紀を待たなければならなかった。

　ただし近代の学校においても、先達、後輩の関係が成り立つ場合がある。例えば、現代の代表的モラリストで、典型的な中等教員の一人であったアランは、リセの生徒のときに出会った教師ラニョーに対して、「わが偉大なラニョー、真実、私の知った唯一の神」という最高の賛辞を捧げ、さらに「帰依とは我らが驚異する者に対する愛のことである」というスピノーザの言葉を共感をこめて引用している。そのアランの生徒であった文学者モーロワも、「私が師と仰いだアラン、崇拝してやまないアラン」を讃えるために一冊の本をかいている。

しかしこの種の師弟関係は、おそらく、書物を読み、書物をかくことを職業とする世界の先達と後輩の間でしか成り立たないであろう。将来、知識人になろうとする生徒、もしくは結果として知識人となった者だけが、教師への帰依を語る記録を残すことになるのではないか。ラニョーは、プラトンとスピノーザのテクスト講読だけを授業の内容とした。アランは、ラテン語と幾何学だけが、人間になるための真の必須科目であると信じていた。そういう教師に、工場の技師や商社のセールスマン、あるいはふつうの社会人を志望する生徒が「帰依」するとは考えにくい。

ラニョーやアランのように「帰依」されることは教師冥利につきる。だから教師はどうしても、子どもの中に自分のミニチュアをみたがる。とりわけ学問好きの教師は、自分と似た学問好きの生徒を依怙ひいきして、しかもそれを正当なことだと考える。教師的人間像を普遍的な理想的人間像であるかのように思いなして、それを子どもにおしつける。そしてそれを受けいれない子どもに、だめな人間というレッテルをはってしまう。しかし、子どもが教師的人間像を受けいれることは、生徒の大部分が教師後継者ではなくなった近代の大衆学校では、ごく限られた範囲でしか通用しない。

　数師と生徒の関係のこの難しさに対処するために、近代の教育の諸技術が工夫されたということができるだろう。もちろんそれだけが理由ではない。近代人が、自然に対して方法自覚的に働きかけて、自然を支配しようとする加工主体であること、その近代人の志向が子どもという自然にも向けられた、という理由も見のがすわけにはいかない。しかし、子どもの自発性を尊重しつつ、なお大人が意図する方向へ子どもを導こうとする誘惑術まがいの教育の技術を発達させる動機には、やはり、後継者見習いの関係が成り立ちにくくなったという事情が投影しているように思われる。見習いの機能が生きていた時代には、大人は、たとえ子どもを理解しないままでも、後継者を養成することができた。それとは対照的に、イ近代の学校教師は、子どもを社会人に育てあげる能力をほとんど失ったにもかかわらず、いや失ったがゆえに、子どもへの理解を無限に強いられる。

（宮澤康人「学校を糾弾するまえに」）

問一　傍線アとあるが、これはどういうことか。60字程度で説明しなさい。

問二　傍線イとあるが、これはどういうことか。60字程度で説明しなさい。

◆解説

問一

傍線アの説明を求めている問題ですから、これとイコールの内容を考えていくことになります。傍線アの2行前からに注目です。ここを見る限り、中世の教師は、結局仕事しているだけなのです。これは、傍線アの「教える主体ではなかった」とイコールです。どちらも「しっかり相手を教育しているわけではない」という内容で、同内容と言えるからです。とりあえず、ここの内容を入れれば「梅」の答えです。

梅 テクストを書き写し、解読し、注釈し、文書を作るという職業を実施する過程の中に、後継者を養成する機能が含まれているということ。

ただ、この内容だと点数はあまりもらえないでしょう。前半の「テクストを書き写し…」といった内容は具体的過ぎて、「他にも中世の教師の仕事ってあるんじゃないの?」と突っ込まれてしまいます。本来なら抽象化したいところです。また、後半部分にも問題点があります。なぜ仕事をしているだけで、後継者が育つのでしょうか。その疑問が解消されない限り、答えは不十分なものと言わざるを得ません。とりあえず、後者の問題点から攻めていきましょう。傍線アの前後をご覧ください。中世の教師は徒弟制の親方のようなもので、生徒とは同じ仕事の先達と後輩の関係なのです。だから、生徒は教師の仕事を見習っているのです。そのため、教師が仕事をするだけで、生徒は勝手に見習うので、わざわざ教える必要がないのです。これが、傍線の「教える主体ではなかった」の意味です。この内容を書けば、竹の答えとなります。これだけ書ければ、十分合格ラインに届いていると思います。

竹　仕事を共有する関係である以上、教師が仕事をしていれば生徒がそれを見習うので、生徒は後継者として成長していくということ。

いよいよ最終段階です。実は、本文にもう一つ傍線の「教える主体ではなかった」とイコールの内容が出ていました。それが傍線アの3行後からです。ここを見る限り、生徒に働きかける教師が出てきたのは十七世紀（ということは、「近世」でしょうか）ですから、逆に言えば、中世の教師は生徒に積極的な働きかけはしていないのです。これは、傍線の「教える主体ではなかった」と同内容ですね。ここも答えです。ただ、「竹」の答えにこの内容を加えたら、字数オーバーになります。仕方ないですから、前半の「仕事を共有する関係である」という内容は省きましょう。ここは、傍線自体の言い換えではなく、理由にあたるおまけ部分ですから、優先順位は低くなります。

松 中世の教師は、自身の仕事を生徒に見習わせることで後継者として養成しており、積極的な働きかけをしていなかったということ。

問二

「教師が子どもへの理解を無限に強いられる」の説明を求めていますから、これとイコールの内容を考えていくことになります。そもそも、なぜ教師が子どもを理解しなければならなくなったのでしょうか。問一を見る限り、教師は自分の仕事をしていればよかったですね。生徒は自分の後継者で、仕事を見習ってくれるので、それでよかったのです。しかし、現代はそのような時代ではなくなったのです。この内容を書けば、とりあえず「梅」の答えにはなります。

梅 子どもは教師の後継者ではなくなったので、子どもをきちんと理解する必要が生まれたということ。

ツッコミどころが二つあります。一つは、字数が少し足りないということ。もう一つは、「理解」という言葉が使われていることです。そもそもこの問題は、「子どもへの理解を無限に強いられる」の説明を求めている問題でした。にもかかわらず「理解」と言う言葉を用いたら、同じワードを繰り返している「オウム返し」の答えになってしまいます。

とりあえず、一つ目の「字数不足問題」を解決しましょう。子供が後継者でなくなったという内容は、111ページの前半に出てきています。ここを見れば、後継者でなくなったということは、教師的人間像を押し付けられなくなったということだとわかります。この内容を加えれば「竹」の答案になります。

竹 子どもは教師の後継者ではなくなったので、教師的人間像を押し付けられなくなり、子どもをきちんと理解する必要が生まれたということ。

さて、いよいよ「松」です。「理解」という言葉は、答案に使いたくないのでした。今回は、残念ながら文章中に「子どもへの理解を無限に強いられる」の言い換えにあたるところはありませんでした。そういう時もあります。その場合は、自分の言葉で言い換えの内容を作る必要があります。111ページの前半が参考になりますが、一部の教員志望者を除いて、子どもはもう教師の後継者ではなくなりました。つまり、教師から見て、子どもは自分と違う存在になってきたのです。そうであるならば、今の子どもはどのような存在なのか、きちんと研究し続けなくてはなりません。これは「子どもへの理解を無限に強いられる」とイコールになります。どちらも、「子どもがどんな存在なのか考え続ける」という内容だからです。

この内容を入れて「松」の答案の完成です。

松 子どもは教師の後継者ではなくなったので、教師的人間像を押し付けられなくなり、子どもを研究し続けなくてはならないということ。

MEMO

第十講

◆問題

次の文章を読んで、後の問に答えなさい。(出題の都合上、本文に省略した箇所がある。)

季節の訪れを正確に知ることは出来ないか——。

「新しい生き方」を始めた人類は、切実にそう考えたに違いありません。「新しい生き方」とは、それまでの狩猟採集とは一線を画す「農耕牧畜という生き方」のことです。

約一万年前にホモ・サピエンスが始めたこの生き方が、現代にまで続く「文明」の始まりです。最初の文明人である彼らにとって、種まきの時期や、定期的にやってくる雨期と洪水、あるいは乾期の日照りは、つねに悩みの種でした。季節の訪れを知る正確な手がかりを、「文明」によって生きようとする彼らは必要としました。

経験上彼らは、季節が周期的に訪れることは知っていました。季節は移り、同じようにそれを繰り返す。問題は「いま」が「いつ」で、その変化は「いま」からどのくらいあとにやってくるか、それを、そしてまた、その方法を見つけることでした。

彼らはその方法を「天」に見つけました。気まぐれな自然の変化の中で、天だけは規則正しい変化を繰り返していたからです。天とは、すなわち星の世界です。日は昇り、日は沈む。月は満ち、そして欠けていく。そうした天のリズムを、彼らは自然の変化をはかる「物差し」としたのです。前者のリズムが「一日」となり、後者のリズムが「一月」となりました。一月が一二回繰り返されると季節がひと巡りすることから、そこを一つの区切りとして「一年」とすることも決めました。原始的な「暦」の誕生です。

なかでも、紀元前七世紀、メソポタミア南東部に新バビロニア帝国を打ち立てたカルデア人の作り上げた暦は特別でした。ギリシャ語で「川と川の間」を意味するメソポタミアは、チグリス川とユーフラテス川の間にある肥沃な平野であり、農耕牧畜が最も進んだ地域でした。そこで暮らすカルデア人は、後世の人たちが「カルデアの知恵」と呼ぶほどに、精緻で豊かな星に関する知識を持っていました。彼らはその知識を使って、正確な暦を作り上げたのです。

カルデア人が着目したのは、天における太陽の位置でした。太陽が季節によって少しずつ天における位置を変えていることを知っていたからです。その変化を正確に知るためには、天に目印をつける必要があります。ところが昼の空には、目印となるようなものは何もありません。そこで彼らは、夜の天球に目印を見つけることにします。夜の空に満天の星が輝いているからです。それらの星をグループに分け、「座標」にしたものが「星座」です。彼らは星座をもとに、季節の移り変わりとともに位置を変えていく太陽の動きを正確に読み取り、天にその軌道を描いてみせたのです。

とはいえ、実際の天に線を引くことはできません。そこで彼らは、頭の中に天球を思い浮かべ、そこに太陽の動きがたどれる線を引きました。これが「黄道」です。太陽が黄道を一周する周期をもって一年とする。これが現代人も使用している「太陽暦」ですが、その暦をカルデア人は、太陽の動きを、星座を利用して読み解くことで作り上げたのです。

なお「カルデア」という呼び名は、メソポタミア南東部に広がる湖沼地域を指す歴史的呼称です。紀元前10世紀以後にこの地に移り住んだセム系遊牧民の諸部族が、後世そのように呼ばれるようになったようです。しかしここでは単に、シュメールとかバビロニアとか、この地域を一般的に指す用語くらいに考えています。

人間の人間たるゆえんは「考える」力にあります。脳科学的に言えば考えるとは、脳の中に外部世界を投影し、それを内部モデル化したような内部世界を構築し、それを基準にして様々な判断や意味づけを行うことです。カルデア人はまさに「考える民」でした。彼らは、綿密な天体の観察をもとに、その考える力で太陽の動きをモデル化し、一年という時の周期（暦）の意味づけを行ったのです。カルデア人の暦が特別なものになりえたのは、それが、精緻で合理的な「考える力」に基づいて作られたものであったからだと言えます。

朝と夜を、一年における「月」と同じように一二に分け、一日を二四分割し、現代に通じる「一時間」という時間の単位を作ったのも、このカルデア人だと言われています。現代に通じる均一な科学的な時間の概念は、天のリズムをモデル化することで生み出されたのです。

一方で、カルデア人にとって「時」は、自然に変化をもたらす「不思議な力」そのものでもありました。「年」は季節の変化をもたらし、「月」は潮の満ち干きの変化をもたらします。これらが太陽と月という「星の動き」に関係していることに、彼らは気づいていました。

天上世界が、地上世界に変化をもたらしている――。

星の動きを通してそう考えた彼らは、太陽や月以外の星の動きも、何らかの力で、世界に変化をもたらしていると考えました。

ここでいう星とは惑星のことです。一般に星といえば、今の言葉では恒星のことですが、惑星は、恒星のように規律正しい集団行動に従いません。この集団行動に従わない惑星の動きは、神々の意図を表しているのではないか。カルデア人はそのように考えたのです。そして、「年」や「月」と同様、その「目に見えない」力を暦に取り入れたのが「曜日」です。

ここにもまた、カルデア人の「星の動きを読む能力」が深く関係してきます。彼らは太陽の動きを追うなかで、黄道の付近に他の星とは異なる不規則な動きをする星がいくつかあることに気づいていました。他の星たちは、北極星を中心に円運動を描いているにもかかわらず、その星たちだけは、そうした集団行動に従わず、まるでそれが自分の意思であるかのように不思議な動きを繰り返していたのです。「惑える星」。彼らはこれらの星をそう呼び、太陽や月とともに特別な星と位置づけました。「惑星」の発見です。

その当時彼らが見つけた惑星は、火星、水星、木星、金星、土星の五つだったと考えられています。円運動する多くの星たちの秩序だった動きが天の意思を反映しているものならば、その秩序に逆らって動く星たちこそ「乱れ」を引き起こす原因であると、彼らは考えました。五つの惑星にはそれぞれ神が住み、洪水や干ばつ、疫病や戦争など、人間社会の「変事」を支配しているというわけです。したがって、惑星の動きと人間社会の出来事の相関関係、これを読み解くことによって、次なる変化、すなわち未来を占うことができると考えたのでしょう。そこで誕生したのが、星によって未来を占う技術「占星術」です。

このように、変事を司る惑星の不思議な力を、生活の中に取り込もうとして作られたのが「曜日」なのです。[(1)]自然界にない「曜日」という摩訶不思議なリズムが暦のなかに存在し、その呼び名に惑星の名前が冠せられているのは、そうした理由からです。

カルデア人はこれらの星が、地球から遠い順に、「土星、木星、火星、太陽（日）、金星、水星、月」と並んでいると考えていました。この七つの星に「一時、二時、三時、四時、五時、六時、七時」という時間を順番に割り振れば、一日が二四時間であることから、「24時間

－7時間×3＝余り3」という計算により、次の日の「1」は、前日の「1」に位置する星の三つ先の星、つまり、前日の「4」に位置する星が振り当てられることになります。「土星」の次は「太陽(日)」、「太陽(日)」の次は「月」、その次は「火星」といった具合です。「土、日、月、火、水、木、金」といった曜日の順は、こうして決められたのではないかと考えられています。

自然の変化が「天体の動き」と関係していることに気づき、その動きを正確に観察することで「暦」という時間に関するモデルを作り上げたのがカルデア人です。しかし「天体の動き」自体については、合理的な説明を行うことはありませんでした。「星は、なぜ、そのように動くのか」という疑問に対して、彼らが持ち出した答えは、それが「神の意志」だからというものだったのです。秩序ある星の動き、不規則な星の動き、それらはすべて神が決めていると彼らは考えていました。彼らにとって、天は手の届かない「神の世界」であり、そこでの出来事は「神の意志」以外の何物でもありませんでした。

神の意志を人は目に見ることができない。だから、「星は、なぜ、そのように動くのか」という理由を人々は知ることが出来ない。つまり、それは人々にとって〈見えない世界〉であり、〈見えない世界〉を語りうるのは神だけだ、というのがカルデア人のみならず、当時の人々の標準的な考えだったのです。

ちなみにここでいう神は、のちの一神教でいうところの形而上学的な神ではありません。星座にあてはめられた神々の姿からもわかるとおり、人間社会を反映した「神話」的な神々です。こうした考えを一笑に付すことはできません。説明できないこと、人智の及ばない力に対して神を持ち出すのは、昔も今も変わらないからです。科学の時代と言われる現代においても、星に祈り、星占いを信じる人は少なくありません。

いずれにしろ、天体の動きというかたちで人の前に姿を現す〈見えない世界〉が、我々が生きる〈見える世界〉に変化を及ぼすということに気がついた古代の人々は、〈見えない世界〉がもたらす変化を正確に知る手がかりとして、暦、あるいは時間を編み出しました。[2] 暦〈時間〉を通して、人類は〈見えない世界〉を記述する一歩を踏み出したというわけです。暦の管理は、支配者の持つ特権でした。それは神の代理人としての地位を保証するものだったのです。

そしてこのことにより、人々の暮らしは大きく変わりはじめます。「時」を共有し、「時」によって出来事を記録することで、共同体の生き方に関するノウハウがどんどん蓄積されていったからです。農耕牧畜という生き方が暦を欲し、観察と考える力で作り上げたその暦により、共同体をつくって生きる。そういう人類の新しい生き方は、シュメールの地で、都市文明として順調に発展の道を歩みはじめました。〈見えない世界〉と文明の間の密なる関係は、こうして始まったのです。

（松井孝典『文明は〈見えない世界〉がつくる』による）

問一 傍線(1)とあるが、その理由を50字程度で答えなさい。

問二 傍線(2)とあるが、その理由を80字程度で答えなさい。なお、「見えない世界」が指す内容も明らかにすること。

◆解説

問一

暦の中に曜日が含まれている理由を聞いている問題でした。とりあえず、傍線(1)の直前を見ればすぐに理由はわかります。曜日によって、変事を司る惑星の不思議な力を取り込めると考えたのです。曜日がある理由はこれでした。字数は少ないですが、この内容を書けば、最低限の得点はもらえるでしょう。

梅　変事を司る惑星の不思議な力を取り込むため。

字数を増やしたいときは、理由を加えるかイコールの内容を加えるかのどちらかをするのでした。今回は理由を加えればいいですね。答えにしたところの直前に「このようにして」と書かれていましたから、前にヒントがありそうです。傍線(1)の8行前からに注目です。惑星は秩序に逆らっているのです。これが変事を支配していると考えた理由ですから、この内容を付け加えましょう。

竹 秩序に逆らって動く惑星の、変事を司る力を取り込むため。

さて、もう一声です。もうお気づきの方もいらっしゃるかと思いますが、先ほど見たところに「その秩序」と書かれています。竹の答えでは、「その」という言葉を取り払って答えを作成しましたが、本来ならばこの言葉が指し示す内容も入れる必要があります。ここまできて「松」になります。

松 多くの星たちが秩序だった動きをしている中で、その秩序に逆らって動いている惑星の変事を司る力を取り込むため。

問二

傍線(2)の説明を求めている問題ですから、この傍線とイコールの内容を考えていくのですが、分解すると楽ですね。前半の「暦を通して」と後半の「見えない世界を記述する一歩を踏み出した」の二つに分けて、それぞれの言い換えを考えていけばＯＫです。後半の方が分かりやすいかもしれません。「見えない」というのは「わからない」ということですから、後半部分では、分からない事について考え始めたという内容になります。つまり、人類がアップデートし始めたということです。その内容は傍線⑵の5行後から出てきました。人類は共同体を作り、文明を発展させたのです。まだ不十分なところもありますが、まずはこの内容を入れれば「梅」になります。

梅 暦を通して、人類は共同体を作り、文明を発展させていったということ。

では、さらにいい答えにしていきましょう。修正ポイントは二つです。一つ目は答えの前半です。「暦を通して」というのは、傍線をそのまま使ってしまっていますから、本来はＮＧです。一応、先ほどチェックしたところを見れば、暦とは「観察と考える力で作り上げたもの」だとわかりますが、これでは結局暦がどのようなものかわかりませんから、点数にはなりません。ここはいったん置いておきましょう。二つ目の修正ポイントは、設問に答えきってないということです。「見えない世界」の内容を明らかにしなさいと言われているわけですから、きちんとこれに対応しましょう。１２５ページのまんなかに注目です。ここから、見えない世界というのは、星の動き方の理由だとわかりますから、この内容も入れて「竹」になります。

竹　暦を通して、人類は共同体を作り、文明を発展させていき、星の動き方の理由についても考えられるようになったということ。

傍線には「記述する一歩」と書かれていましたが、同じ言葉は使えないので、「考える」に修正しました。どちらも考察しているという内容になりますから、このように言い換えた次第です。

それでは、放置していた「暦を通して」とイコールの内容を作っていきましょう。参考になるのは122ページの前半です。ここを見れば、暦というのは、星の動きに基づいて時の流れを記述するものでした。竹の前半部分をこの内容に置き換えて「松」になります。

松　星の動きに基づいて時の流れを記述できるようになったことにより、人類は共同体を作り、文明を発展させていき、星の動き方の理由についても考えられるようになったということ。

MEMO

第十一講

◆問題

次の文章を読んで後の問いに答えなさい。

近代化の帰結として生じてきたリスクには、それ特有の困難な問題がある。原子力発電所や環境破壊の問題でも顕著にみられると思うが、これらのリスクを、わたしたちが直接知覚するのは非常に困難である、という問題である。例えば、地球温暖化というリスクの場合、それを直接肌で感じる以前に、実際に計測された地球の平均気温をみることによって、認識するようになったのではないだろうか。あるいは、原子力発電所における放射能漏れという問題にしても、わたしたちは漏れている放射能を直接見ることはないであろう。それゆえにウルリッヒ・ベックは「リスクをリスクとして「視覚化」し認識するためには、理論、実験、測定器具などの科学的な「知覚器官」が必要である」という。あるいはつぎのようにもいう。

個人的あるいは社会的な悲惨さというのは直接体験される。それに対し、文明によるリスクは捉えどころがなく、科学という知識の中で初めて意識され、第一次的経験とは直接関わりをもたない。

したがって、リスクは、科学的知識によって意識されてはじめてリスクとして存在するようになるのである。

さらにいうなら、環境問題においてたびたび指摘されることではあるが、この近代化に伴うリスクは、因果関係が遠く離れているので、「本質的に知覚を通しては推定できない」のである。

リスクはわたしたちによって直接的に経験できず、むしろ科学によって可視化されるとするなら、科学はこの社会の中でこれまで以上に権威をもつことになるように思われるが、それはただ科学への信仰が強化されるだけではない。それに関わるのが、「再帰的近代化」という事態である。ベックはつぎのように述べている。

再帰的近代化は、工業社会の一つの時代全体の、創造的破壊の可能性を意味している。この創造的破壊の主因は、革命でも、恐慌でもなく西側社会の近代化の勝利である。

再帰的近代化が単純な近代化と異なるのは、後者が産業化や工業化の過程であったのに対し、前者の再帰的近代化は、近代が産み出した成果そのものが、自らを破壊し、あるいはそれを産業化する過程であるといえる。例えば環境破壊を考えてみよう。

環境破壊の大きな原因の一つとして考えられるのは、人間の活動の自然への影響が、自然の自己再生能力を大きく上回ってしまったことに求められる。例えば森林の減少は、樹木の再生能力を上回るほどに人間がそれらを伐り取ってしまったところに生じるであろうし、魚の乱獲は、乱獲された魚種の減少を招くことになるだろうし、それでも充たされない人間の欲求は、魚を養殖することへと向かい、その養殖によって多くの環境破壊が引き起こされることになる。これらは、人間の自然に与えるインパクトが大きくなければ、つまり自然の自己再生能力内であれば問題にはならない。問題は大きな力を手に入れた人間のほうにあるだろうし、その力の使い道にあるといえる。この力とは、科学によって裏打ちされた技術である。この科学技術はまた、例えば原子力発電所の建設を可能にし、その事故によっても多くの環境被害が引き起こされている。このように近代という時代によって産み出された成果が、自らを破壊していく過程が再帰的近代化である。

しかしその破壊が「創造的」であるのは、ただたんに破壊するだけではなく、むしろあらたな成果を産み出しつつ破壊するところにある。例えば地球温暖化は、排出量取引というあらたな市場を産み出しつつあり、政府や企業の大きな注目を集めている。このように世界を産業化し尽くしたあとに、自ら自身を産業化する過程こそが再帰的近代化であり、それは確かに単純な近代化と同じではないにしても、それとまったく異なった種類のものであるわけでもない。

この再帰的近代化という過程は、産業社会を下支えしている科学自身においても生じている。ベックは科学の発展段階を単純な科学化の段階と再帰的な科学化の段階とに区分している。単純な科学化の段階において、「科学の応用は、既成の世界、すなわち自然と人間と社会に対してまず始められる」ことになるが、これはいまだ科学化されていないものを科学化していく過程であるといえる。ところが再帰的な段階においては、「科学は自らの生み出したものそのもの、自らの欠陥そして科学が生み出す結果として発生する諸問題と対決」することになる。例えば一九六〇年代後半に始まった緑の革命を考えてみれば、このことを容易に認めることができるのではないだろうか。

「緑の革命」は「第三世界の農業を科学にもとづいて変革することにつけられた名称」である。その代表的な成功例としてあげられるのがインドのパンジャブ州であったが、いま現在、それが成功であったかどうかには疑問が投げかけられている。緑の革命は、第三世界の開発のため、そして増加する人口の食料を賄うためにとられた戦略である。その戦略の中心には、従来の種子にかえて、品種改良された高収量品種の種子を育てることがある。この高収量品種は、一九七〇年にノーベル平和賞を受けたノーマン・ボーローグによって開発された品種である。しかしこの高収量品種は、何もせずに従来よりも多くの収穫を産み出すわけではなく、むしろ大量の水と大量の化学肥料を必要とするものであった。このような科学的農業は、まず栽培に用いる種子と化学肥料や化学農薬を企業から購入する必要がある。そのことによって、農業は、その土地の農民自身の手から、企業の手に移ってしまったといってもよいであろう。またこのような農法は土地に与えるインパクトがきわめて大きく、例えば大量の地下水が汲み上げられることによって塩害の被害を出してしまうことになった。そしてひとたび塩害が生じた土地は、そのままでは植物を育てるには適さない土地になってしまう。

緑の革命の技術は、肥料、殺虫剤、種子、水、エネルギーの巨大な投資が必要である。集約的農業は深刻な土地破壊をまねき、新しい形の欠乏と脆弱性を生み出し、資源利用のあらたな非能率を招いた。土地や水などの自然の恵みの限界を超越するどころか、緑の革命は土地、水資源、作物の多様性を浪費することによって、農業にあらたな制約を持ち込んだ。

緑の革命においては、農法のみが変化したわけではない。むしろ方法が変化することにつれて生じた、農業における知のあり方そのものが変化したことが大きな意味をもっているように思われる。「一万年にわたって、農民や小農民は自分たちの土地で自分たちの種子を作り、最良の種子を選び、それらを保管して、再び植えて、生命の更新や肥沃化を自然の歩みに任せてきた」のである。確かに多かれ少なかれ、農業技術は変化し、自然に対して負荷をかけ続けてきたのだが、しかしそれはいまだ自然の歩みを、さらにはそこで農業を営む農民の伝統的な生活の営みを逸脱するものではなかった。しかし、緑の革命は、まずは農業を科学化し、そしてその成果を「特許や知的遺産で保護される私的財産」に変えたのである。緑の革命以前の農業が、その土地の環境という文脈に即したものであったとするなら、単一栽培による大量生産を目指した緑の革命の農業は、科学に依拠して産業化され、脱文脈化された農業であったといえるだろう。

科学的知識はそれ自身の状況を脱文脈化しようとする傾向がある。この脱文脈化の過程を通じて、科学が自然や社会に及ぼすマイナスの破壊的影響は外部化され、見えなくなる。

あるいは自然環境という文脈ではなく、産業社会という文脈に組み込まれたともいえるかもしれない。

種子が土着の品種から緑の革命の種子に移行することによって、農民が支配する農業システムから、農薬会社や種子会社、国際農業研究センターが支配する農業システムへと変化した。

この緑の革命は、近代化の第一段階と考えられる。すなわち、いまだ科学化・産業化されていなかった農業に科学の手がつけられ、それがさらに産業化されていったのだ。しかし、この革命が十分に成功を収めなかっただけでなく、環境破壊やさらなる貧富の格差の拡大を産み出したという事態にいたって、批判の矛先は、いまだ十分に近代化されていない農業にではなく、むしろ近代化を推し進めた科学のほうに向けられることになった。すなわち、この段階にいたって、科学は自らが産み出した環境破壊というリスクのみならず、この革命の基盤となっている科学自身に目を向けなくてはならなくなったのであり、再帰的近代化の段階にいたるのである。

―紀平知樹「知識の委譲とリスク社会」

問一
傍線一とあるが、これはどういうことか。本文全体を踏まえて答えなさい。(90字程度)

問二

筆者はこの文章の後で、科学が「ある種の政治的な力」を持つことに言及している。科学が「政治的な力」を持つのはなぜか。文章の内容から論理的に推定しなさい。（60字程度）

◆解説

問一

傍線一の説明を求めていますから、これとイコールの内容を考えます。傍線を三分割して考えるといいでしょう。この傍線は「それと単純な近代化は、同じではないが全く異なった種類のものではない」という内容でした。後半部分の「同じではないが全く異なった種類のものではない」というのは、似ているという意味です。あとは、最初の「それ」と真ん中の「単純な近代化」の内容を明らかにしていけばＯＫです。

傍線の最初にある「それ」の内容から考えていきましょう。直前を見れば、「それ」が指すのは「再帰的近代化」です。字数との兼ね合いで、もっとこの言葉を詳しく説明したいところですが、「梅」の段階ではこれで十分でしょう。あとは、真ん中の「単純な近代化」ですね。４行後に注目です。単純な科学化とは、いまだ科学化されていないものを科学化していく過程です。ということは、単純な近代化は、「いまだ近代化されていないものを近代化していく過程」のことだとわかるでしょう。「科学化」を「近代化」に置き換えるだけです。

以上の内容をまとめれば、「梅」の答えです。

梅 再帰的近代化と、いまだ近代化されていないものを近代化していく過程は、似ているということ。

ただ、これでは「再帰的近代化」の意味がよくわかりませんから、これの説明をつけ足して字数を増やしていきましょう。傍線一の5行前からに注目です。ここを見れば、「再帰的近代化」は、近代によって産み出された成果が、自らを破壊しつつ、また成果を生むことだと分かります。具体例で挙げられていたのは地球温暖化です。これは地球環境を破壊していますす。しかし、温暖化が起こったからこそ、「排出量取引」という新たな市場を作ることが出来たのです。ちなみに、「抽象化」の話のところでも出てきましたが、具体例は使いたくありません。よほど字数が不足したときや、設問で「具体的に書け」と指示されたときは例外ですが、今回はそういったケースでもありませんから、温暖化の部分は省きます。いずれにせよ、ここで出てきた「再帰的近代化」の話を入れれば「竹」の答えにランクアップです。

竹 近代によって産み出された成果が、自らを破壊しつつ、また成果を生む再帰的近代化と、いまだ近代化されていないものを近代化していく過程は、似ているということ。

さて、いよいよ最終段階です。設問に、「本文全体を踏まえて」と書いてありました。これは、答えの要素が傍線から離れたところにもあるよ、というヒントです。「竹」の段階では、傍線の近くにある表現しか使えていませんから、まだ設問のオーダーに応えきれていないのです。ではどこを使いましょうか。本文のラストに注目です。ここにも「再帰的近代化」という言葉が出てきました。そして、その４行前からを見れば、再帰的近代化の段階では、近代化を推し進めた科学を批判しているのです。この内容を入れて「松」の答案になります。

松 近代によって産み出された成果が、自らを破壊しつつ、また成果を生み、科学を批判する再帰的近代化と、いまだ近代化されていないものを近代化していく過程は、似ているということ。

問二

科学が政治的な力を持つ理由を聞いている問題でした。文章のはじめの方に注目です。リスクは、科学的知識によって知覚できるのです。これは、科学の影響力が大きいことを意味します。そして、影響力があるからこそ、権力を持てるのです。少し論理に飛躍がありますので、答えとしては不十分ですが、この内容が入っていれば「梅」の答えになります。

梅 リスクは、科学的知識によって知覚できるから。

ここから、さらにアップデートしていくことになります。科学のおかげでリスクを知覚できるとのことですが、なぜそれが政治的権力につながるのでしょうか。設問に「論理的に推定せよ」とありますが、これは裏を返せば本文中に答えが書かれてないということです。本文の情報から、自分で推論していきましょう。リスクと言うのは、人々の恐怖心につながります。だから、科学によってリスクがあると証明できれば、人々の恐怖心をあおることが出来ます。つまり、科学によって人々の気持ちをコントロールできるのです。これは大きな力を持つことになりますから、権力につながります。この内容を入れれば「竹」の答えになります。

竹 科学的知識によってリスクを知覚させれば、人々の気持ちをコントロールできるようになるから。

後は字数の問題ですね。十五字程度不足していますから、もう少し肉付けしていきましょう。135ページのはじめが参考になりますが、「科学的知識によってリスクを知覚できる」

というのは、裏を返せば人間は直接的にリスクを感じられないということです。この内容を入れて満点の答えです。イコールの内容を加えて字数を増やす、という手法ですね。なお、「リスク」とイコールの内容を加えようと考えて、「人間が直接知覚できないもの」という内容を導く、と言った流れでもよかったと思います。結局同じところに行き着くわけですね。

松 人間は直接的にリスクを感じられず、科学的知識によってこそ知覚できるので、科学は人々の気持ちをコントロールできるから。

第十二講

◆問題

次の文章を読んで後の問に答えなさい。

現代の塔は電磁波の海の中に立っている。みずからが電磁波を発するために、波形の崩れない電磁波をできるだけ遠くで飛ばすために、現代の塔はますます高くなって、波動の海の中に立っている。

塔は現代でも、コミュニケーションのために存在している。テレ・コミュニケーション。遠く離れた場所に、イメージや言葉を乗せた電磁波を送り届けるための装置。わたしたちを包み込んでいるこの海には、すでに情報を乗せた電磁波が充満している。現代のテレビ塔は、電磁波に充満した海に、さらに新しいさざ波を注ぎ込もうとしている。

テレビ塔の高さが六百メートルを超えたからといっても、みんなはその塔がわれわれの生きている世界の「外」にまで達した、とは考えない。「天に触れる」という詩的な比喩で語られることも少ない。現代の塔は、どんなに高く建てられても、あいかわらず電磁波の病の中に立っているというイメージを超えることがなく、塔はどこかに超出したりする存在ではなく、われわれの生きている世界に内包されている、コミュニケーションのための装置なのである。

しかし、人類の意識に「塔」のイメージがはじめて浮かんだ頃、コミュニケーションは今とは別の意味をもっていた。今日にまで伝えられてきた世界中の民族の多くの神話の中で、塔は「天」と「地」を結ぶものとして、思考されてきた。

「天」の領域はたいていの民族で、神々の住む領域と考えられてきた。そこはまたいっさいの欠如や欠乏のない、豊かで完全な世界と考えられている。

豊かであるばかりではなく、そこはまた①いっさいの障害なしに、透明なコミュニケーションが実現されている、理想の世界でもある。

ところが、「地」に住むわれわれ人間や動物たちは、たえずたがいのコミュニケーションがうまくいかないことに悩まされている。人間同士の意志の疎通がうまくいっていないから、地上には争いごとや戦争がたえないし、そもそも人間が動物とのコミュニケーションの手段を失って以来（それは神話の過去におこった出来事に原因があるとされている。それまでは動物の言葉を理解していた人間が、その日を境にして相手のしゃべっていることをわからなくなってしまったのである）、人間と動物は潜在的な敵同士になってしまっている。このような不幸は、「天」「地」が切断されてしまったことによってもたらされた。

おかげで、地上での人間の生活は、たえず不信や裏切りによっておびやかされ、さまざまな欠乏に苦しめられてしまった――このように多くの神話は、人間の実存条件を阻害されたコミュニケーションのもとにある生存として、説明している。

ここから、さまざまな塔の神話が発生したのである。「天」「地」を結びつけようという欲望は、障害のない透明なコミュニケーションを実現したいという願いと、深いところでつながっている。透明なコミュニケーションは欠如の状態をつくりださない。あらゆるものが充実しきった状態であるから、そこにはあらゆる富や食べ物もみちあふれている。神話の時代に起こった不幸な出来事のために、いまでは地上の生き物たちは、敵対や欠乏に苦しめられるようになっている。高い塔を地上に建てて、「天」の領域との通路をつくりだすことによって、人間は原初の豊かさを取り戻すことができるにちがいない。塔をめぐるさまざまな神話には、このような人間の無意識の欲望が、映し出されている。

このような視点から、旧約聖書に記録されている「バベルの塔」をめぐるメソポタミア人の古代神話を、解釈し直してみよう。神話は語る。ノアの子孫であるニムロデが、高い塔を建てようとした。その頃の地上では、すべての人間が同じ言語をしゃべっていた。ニムロデはこう民に語った。「さあ、我々のために都市と塔を建て、その頂きを天に届かせよう。そして、我々の名を高めて、地の全面に散らされることのないようにしよう」。それを知った神は怒り、人々の言語を混乱させたので、人々はおたがいの言業を理解できなくなってしまった。こうして、人々は地の全面に散り、バベルの塔の建設は中断してしまったのである。

メソポタミアは人類の最初期の都市が建設された場所である。城壁によって外敵から守られ、ニムロデのような王によって、都市の内部には安全と秩序が保証されていた。そこには市が設けられて豊かな富が集積され、その中に住んでいるかぎり、天上の神々にも比較できるような暮らしを、都市は人々にあたえることができた。バベルの塔の神話には、このような事情が反映されている。

バベルの塔の神話では、塔の建設と言語コミュニケーションの様態の間に、密接な関係があると考えている。天にまで届くかと思われる塔が建設されている最中には、都市の中で話されている言語は一つで、おたがいの間のコミュニケーションはスムーズに進行していた。ところが、神の意志によって「天」と「地」の間のつながりが切断されることになると（具体的には、塔の建設が中止されたこと）、まず神は人々がしゃべっている言語をバラバラにして、うまく意思疎通をできなくしてしまうのである。

それればかりではない。高い塔を建設しようとした都市住民は、自分たちが全土にバラバラに散っていってしまう事態を、ひどく恐れている。これは都市が生まれる前の、人間の世界の現実の姿である。人々はたがいに離れた村々に住み（全土にバラバラに散在していたわけである）、村ごとにひどくちがう言語をしゃべり、通訳なしでは話も通じない状態にあった。ところが、都市に集住した人々は、城壁の中で安全な暮らしをすることができた。そこには公用語があって、都市住民の間のコミュニケーションは、比較的透明な状態に保たれていた。そういう都市が壊されて、全土にバラバラに散っていかなければならない事態を、バビロンの住民は怖がっていた。

バベルの塔の神話の中で、三つの要素が重なり合っている様子が、はっきり見える（「神の怒り」の要素は、旧約聖書特有の神思想による変形であるから、ここでは考えに入れなくてよい）。

透明なコミュニケーション……都市への集住
コミュニケーションの阻害……農村への分散

神話は、塔とコミュニケーションと都市との間に、共通の特性が存在していることを見出している。それはいったい何だろう。塔は「天」と「地」を結ぶ。「天」はコミュニケーションを阻害するもののない領域をあらわしているから、この「天」と「地」がつながれている状態が続くと、人々の間のコミュニケーションもスムーズである。多量の物産と各地の人間が集まってくる都市こそ、そのような状態を地上に実現しようとした場所にほかならない。都市住民はたがいに孤立した村々への拡散、すなわち「全土への拡散」を好まない。彼らは共通の「世界言語」によるスムーズなコミュニケーションを、潜在的に求めている。そこでバビロンの住民は、「天にも届くほどの高い塔」を建てようとしたのである。塔は都市の「思想」の表現そのものであった。それ以来、どの都市も自分の高い塔を持ちたい欲望を持つことになった。

しかし、バベルの塔の例がしめしているように、初期の都市が抱いた透明なコミュニケーションへの欲望は、いずれの都市でも挫折を体験することになった。都市の内部には貧富の差が発生し、スラムがつくられ、成功者たちへの恨みの感情が蓄積していくと、都市の内部の意思疎通を阻害する、さまざまな困難が出現したからである。神が建設を妨害したからではなく、都市の内的論理そのものによって、自分の内側から塔の建造にストップがかけられていった、というのが実情なのではあるまいか。

バベルの塔の神話は、よく言われるような、言語の多様性というものの発生を問題にしているわけではない。塔の建造が中断されることで、言語が多様化したわけではなく、多様であった言語状況の中から、塔をもった都市が出現することによって、単一な世界言語へ向かう動きがはじまり、それが挫折していった過程が、神話には語られている。塔をめぐるこの神話に表現されているのは、②都市というものの本質なのである。

（中沢新一『野生の科学』による）

問一 傍線①とあるが、これはどのような世界のことか。三十字以内で説明しなさい。

問二 傍線②とあるが、これはどういうことか。八十字程度で説明しなさい。

◆解説

問一

傍線①の説明を求めている問題ですから、傍線とイコールの内容を考えていくことになります。まず、傍線を前半の「**いっさいの障害なしに、透明なコミュニケーションが実現されている**」と後半の「**理想の世界**」に分けて考えましょう。まずは前半からです。本文の後半になりますが、公用語があると、コミュニケーションは比較的透明になると書かれていました。公用語があるということは、相手と同じ言語を使えているということです。ここから、透明なコミュニケーションとは、相手に考えをきちんと伝えられるということだと分かるでしょう。また、傍線にも「いっさいの障害なしに」とありましたが、透明ということは不純物がないということなので、思いがストレートに相手に届くのです。本文中に「意思疎通」とありましたが、例えばこの言葉を使って、「完全な意思の疎通が実現した」と言ってあげれば、前半とイコールの内容を表現できたことになります。とりあえずこれで最低限の答えにはなりました。

梅　完全な意思の疎通を実現した、理想の世界。

ただ、後半部分をそのまま書くのはいただけないですね。別の表現に直しましょう。とりあえず傍線の直前を見てみると、「欠如や欠乏のない、豊かで完全な世界」とあります。一見すると、これが傍線の「理想の世界」にあたりそうですね。実はそうではないのですが、他にいい部分が見つからなかったら仕方ありません。傍線の言葉をそのまま書くよりはましですから、これを答えに入れてしまいましょう。

竹　完全な意思の疎通を実現した、欠如や欠乏のない豊かな世界。

傍線の直前に注目ですが、「豊かであるばかりではなく、そこはまた」と書いてあります。つまり、傍線は「豊かさ」とはまた別の話をしていたのです。したがって、竹の答えはまだまだ不十分だったということです。改めて傍線①にご着目ください。理想の世界とは、完全な意思の疎通が実現した世界なのです。では、完全な意思の疎通が実現するとどうなるのでしょうか。傍線の次の段落に注目です。意思の疎通がうまくいかないと、争いごとや戦争が絶えないのです。逆に言えば、完全な意思の疎通が成り立てば、争いごとや戦争はなくなるのです。これで答えが分かりました。傍線後半の「理想の世界」とは、完全な意思の疎通により実現する世界であり、それは、争いごとや戦争のない世界だったのです。この内容を入れれば満点の答えです。

松 完全な意思の疎通を実現した、争いごとや戦争のない世界。

問二

傍線②の説明を求めている問題ですから、傍線とイコールの内容を考えていきます。まずは傍線②がある一文をお読みください。ここから、傍線②＝塔をめぐる神話に表現されていることだとわかります。では、塔をめぐる神話には何が表れているのでしょうか。さらに前の一文をチェックです。塔を持った都市が生まれると、単一な世界言語へ向かう動きがはじまり、それが挫折していくということが、塔をめぐる神話には表現されているのです。まずこの内容を書けば、最低限の点数はもらえます。

梅 塔を持った都市が生まれ、単一な世界言語へ向かう動きがはじまり、それが挫折していくということ。

さて、「塔を持った都市」とはどのような都市でしょうか。傍線がある段落の三段落前に注目です。高い塔を立てる人たちは人々の「拡散」を嫌うと書かれていましたから、人間が集まっているのです。そして、集まった人たちのスムーズなコミュニケーションを求めていると書かれていました。（だからこそ、単一な言語を目指してるのでしょう）この内容を入れて…というか「梅」の「塔を持った都市」の部分と差し替えて点数アップです。

竹 人間が集まり、スムーズなコミュニケーションを求める都市が、単一な世界言語へ向かう動きがはじまり、それが挫折していくということ。

ただ、まだ若干字数が足りません。字数が足りないときは、理由を加えるか、イコールの内容を加えるかするのでした。今回は、挫折してしまう理由を加えていくことになります。傍線の前の段落です。特に最初の3行です。結局、貧富の差が生まれることによって、意志疎通〈コミュニケーション〉が阻害されてしまうのです。この内容を入れて満点の答えになります。

松 人間が集まり、スムーズなコミュニケーションを求める都市が、単一な世界言語へ向かう動きをはじめるが、貧富の差が生まれることによってそれが挫折していくということ。

◆著者プロフィール

長島 康二（ながしま こうじ）

読解ラボ東京　代表
学生時代より予備校の教壇に立ち、現在でも大学受験予備校・有名私立高校で最上位生から基礎クラスまでを担当。「現代文においては受験生は問題の解き方を磨いていかなければならない」との考えのもと、文章の読み方や問題の解き方を体系化し、確固たる得点力を養成する授業を行っている。ロジカルな思考から生み出される「本当に理解できる授業」は圧倒的な支持を得ている。
著書に、『国公立大学 現代文攻略』『大学入試現代文・入門／別冊付』『大学入試現代文・一問一答』『現代文学習のカギは“解説”の攻略！』（以上ごま書房新社刊）などがある。

現代文
三段階松竹梅 記述解答法

2024年4月29日　初版第1刷発行

著　者　長島 康二
発行者　池田 雅行
発行所　株式会社 ごま書房新社
〒167-0051
東京都杉並区荻窪4-32-3
AKオギクボビル201
TEL 03-6910-0481（代）
FAX 03-6910-0482
カバーイラスト　（株）オセロ 大谷 治之
DTP　海谷 千加子
印刷・製本　精文堂印刷株式会社

ISBN978-4-341-13287-3 C7081